99 ×

DEUTSCHE WEINE

mit denen Sie garantiert alles richtig machen

Otto Geisel

CHRISTIAN

Inhalt

Der gute Wein in den Jahreszeiten

Der gute Wein zum besonderen Anlass

Vorwort

Diese Auswahl der 99 besten Weine, die für unter 15 Euro zu bekommen sind und aus allen deutschen Anbaugebieten stammen, setzt sich zusammen aus Empfehlungen, die sich bereits über Jahre hinweg genussvoll bewiesen haben. Deshalb wurde weitestgehend auf die wenig informative Beschreibung von Aromen, welche man sowieso nur höchst unterschiedlich nachempfinden kann, sowie auf die Jahrgangsangabe verzichtet. Denn für echten Genuss gibt es keine mathematische Formel, so wie der 100-Euro-Wein mit Sicherheit nicht zehnmal besser als das Gewächs für 10 Euro schmeckt.

Diese Selektion berücksichtigt in besonderem Maße Betriebe, die in ihrer Praxis und beim daraus resultierenden Wein Wert legen auf Harmonie mit der Natur sowie auf eine geschmackliche Balance und nicht auf degustatorische Extreme. Alle Weine sind – wenn nicht anders vermerkt – trocken ausgebaut. Sie bieten aufgrund ihrer Natürlichkeit viel unbeschwerten Genuss in einer vernünftigen Preiskategorie, die dem Winzer seine hervorragende Arbeit fair bezahlt. Weine, die ein sensationelles Preis-Leistungs-Verhältnis vorgaukeln, haben in Wirklichkeit nicht Genuss zum Ziel, sondern unangemessenen Umgang mit der Natur und der Schaffenskraft der Weinbauern. Man kann also getrost davon ausgehen, dass sich diese Selektion auch in den kommenden Jahren bestens bewähren wird, somit kann man mit dieser Auswahl wirklich nichts falsch machen!

Das Buch gliedert sich in drei große Kapitel, die Sie im Inhaltsverzeichnis sehen. Im ersten Teil wird der gute Wein für jeden Tag beschrieben, also für unbeschwerten Genuss auf der Terrasse, am Strand, beim Picknick, zur Pizza, zum Barbecue oder für das angeregte Nachtgespräch mit Freunden.

Im zweiten Teil sind die Weine chronologisch zu den Jahreszeiten aufgeführt, als besonders stimmige Begleiter durch das kulinarische Jahr, zur feinen Kräuterküche im Frühling, mit Gartenbeeren im Sommer, zu Waldpilzen im Herbst und mit ausgesuchten Gewürzen im Winter.

Im dritten Teil steht der Anlass im Vordergrund, welcher Wein passt am besten für das Gespräch mit den Schwiegereltern, zum Jubiläum, am Feiertag, oder zu einer speziellen Einladung zum Essen.

Viel Freude am unbeschwerten Genuss,

Weingut Fischer – Picknick mit Sauvignon Blanc

Dieser feinwürzig elegante Weißwein duftet selbst wie eine Sommerwiese und gehört in jeden Picknickkorb! Durch seine geradlinig trockene, unkomplizierte Art wirkt dieser Wein wohltuend erfrischend und ist doch gleichzeitig meilenweit entfernt vom glattgebügelten internationalen Wein-Mainstream.

Die Rebsorte Sauvignon stammt aus dem schönen Flitterwochenparadies Loire-Tal und ist heute die zweitmeist angebaute Weißweinrebsorte dieser Welt. Ein absolutes Erfolgsmodell also – mit einer erst rund hundert Jahre alten Geschichte, denn der Sauvignon ist eine »wilde« Kreuzung der meist fein nach Rosenblüten duftenden Rebsorte Gewürztraminer und dem Loireklassiker, der Chenin-Blanc-Rebe. Diese von der Natur so klug zusammengeführte Kombination von zarter Duftigkeit und geschmacklicher Saftigkeit wird inzwischen sowohl im hippen Kalifornien als »Fumé Blanc« wie auch in Neuseeland angebaut und erzielt nicht nur in den Pariser Restaurants, Brasserien und Weinbistrots als beste Loirequalitäten wie Sancerre und Pouilly-Fumé ziemlich schwindelerregende Preise.

Ganz anderes ist das in Deutschland, wo der Sauvignon zwar auch schon sehr angesagt ist, aber immer noch zu den Newcomern gehört, der sowohl von vielen Winzern wie auch von vielen Traditions-Weintrinkern ziemlich argwöhnisch betrachtet wird. Das traditionsreiche Weingut Fischer am sonnenverwöhnten Kaiserstuhl gehört heute dem Paradewinzer-Ehepaar Silvia und Joachim Heger und wurde inzwischen gewissermaßen zur »Jungen Linie« des großen Heger'schen Portfolios.

»Authentisch, puristisch, wiedererkennbar – so sollen unsere Weine sein«, lautet das Credo Hegers. Die Basis für diesen Qualitätsanspruch ist die Lage Steingrube am Südwestrand des Nimbergs, einer kleinen Erhebung etwa einen Kilometer östlich des Kaiserstuhls. Ein eigenständiges Mikroklima und eine spezifische Bodenstruktur zeichnen diese Weinberge aus.

Sauvignon Blanc · Weingut Fischer · Silvia & Joachim Heger · Auf der Ziegelbreite 8 · 79331 Nimburg-Bottingen · Tel. (0 76 63) 17 47 · www.fischer-weine.de · info@fischer-weine.de · Verkauf: Lisa Mayer, Stefan Schneider, Di, Do: 16.00–18.30 Uhr, Sa: 10.00–13.00 Uhr

Sieht fast aus wie das kalifornische Napa-Valley, ist aber die Lage »Nimburg-Bottinger Steingrube«
Das Weingut mit den drei Fischen als Zeichen

Rainer Schnaitmanns zwei Welten: seine Familie und seine Reben

Rainer Schnaitmann –
Rosé im Obstgarten

Dieser fein aromatische und gar nicht kitschige Rosé schmeckt wie ein ganzer Obstkorb und verführt wie kaum ein anderer Wein zu fantasievollen Gedankenflügen.

Der ursprünglich Südtirol zugeordnete »T(i)rolinger« zeigt sich in dieser sehr raren Variante Muskattrollinger mitten im Trollinger-weinseeligen Schwabenländle von seiner allerbesten Seite und ist das Gegenteil eines altbackenen, spießigen Weines. Ganz im Gegenteil – dies ist ein topmoderner Wein, weil er als hellfarbener Rosé viel Trinkgenuss bei moderatem Alkoholgehalt bietet und sich auch in seiner gerbstoffarmen und wenig säurebetonten Art ganz universal einsetzen lässt. Dieser trocken ausgebaute Muskattrollinger passt als Rosé ganz vorzüglich zum traditionellen geräucherten Schinken, zum klassischen Vesper, aber ebenso hervorragend zu italienischen Antipasti sowie zu asiatischer Trendküche, vor allem grünem und gelben Thai-Curry, oder ganz harmonisch zum eingelegten Ingwer bei Sushi und Sashimi.

Rainer Schnaitmann: »Seit wir wissen, dass der Muskattrollinger ein waschechter Blauer Muskateller ist, stellt sich die Frage, ob wir ihn so richtig ernst nehmen müssen. Also so richtig. Muss man nicht. Er ist ein großer Genuss, ganz jung gleich im Frühjahr nach der Weinernte und seit wir ihn spontan vergären, ist auch der ›Softporno-Touch‹ (Hendrik Thoma) in der manchmal überbordenden Aromatik verschwunden, trocken ist er bei uns eh immer. Aber es ist ein Wein, der gern im Herbst vor der nächsten Weinernte getrunken sein sollte, Ausnahmen von wunderbar gereiften Jahrgängen bestätigen die Regel …«

Mit seinem erst 1997 vor den Toren Stuttgarts gegründeten Weingut schoss Rainer Schnaitmann wie eine Rakete in den Württemberger Weinhimmel und revolutionierte in dieser Zeit das schwäbische Verständnis für rote Burgundersorten, die er schon seit Jahren wie kaum ein anderer zu pflegen versteht.

Muskattrollinger Rosé trocken · Weingut Rainer Schnaitmann · Rainer Schnaitmann · Untertürkheimer Straße 4 · 70734 Fellbach · Tel. (07 11) 57 46 16 · www.weingut-schnaitmann.de · info@weingut-schnaitmann.de · Verkauf: Rainer Schnaitmann, Mo, Mi–Do: 9.00–12.30 Uhr & 13.30–17.00 Uhr, Di, Fr: 9.00–12.30 Uhr & 13.30–18.30 Uhr, Sa: 9.00–13.00 Uhr

03 Horst & Sandra Sauer – Silvaner & Amphitheater

Der Silvaner ist wahrlich kein Altherrenwein. Hier in Escherndorf bei Horst und Sandra Sauer zeigt diese fränkischste aller Sorten, was sie wirklich kann, immens saftig mit belebender Frische, trocken ausgebaut und doch mit viel geschmacklichem Tiefgang!

Nicht von ungefähr wurde Horst Sauer auch wegen seines fortwährenden Engagements für den international vernachlässigten Silvaner, der in Franken schon hunderte Jahre heimisch ist, auf der internationalen Londoner »Wine Challenge« als bester Weißwein-Produzent der Welt ausgezeichnet, ein Beispiel dafür, wohin Passion und Hartnäckigkeit führen können.

Der Silvaner aus der einem Amphitheater ähnlichen Spitzenlage Escherndorfer Lump ist in diesem Vorzeigegut der Weinbundesliga, wie man den »Verband der Prädikatsweingüter«, kurz VDP, auch nennen kann, so etwas wie der rote Faden, der sich durch alle Qualitätsstufen der VDP-eigenen Klassifikation zieht. So ist schon die Basisqualität, der Silvaner-Gutswein »Just« eine echte Empfehlung, ebenso der Silvaner-Ortswein aus Escherndorf, aber besonders die

▶ **Picknick im Weinberg kann man nicht so »einfach« machen ...!**

»Erste Lage«, als Silvaner »S« gekennzeichnet, soll in dieser Selektion der besten Weine Deutschlands unter 15 Euro herausgehoben werden! Dieser sympathische Ausnahmewinzer brachte seinen ersten Jahrgang 1977 ein. Das war auch das Geburtsjahr seiner Tochter Sandra. Die gelernte Winzerin unterstützt ihren Vater heute nun schon seit einigen Jahren und zeigt sich verantwortlich für den Keller dieses aufwendig in den Weinberg hineingebauten Familienweingutes. Zusammen drehen die beiden jetzt jedes Jahr weiter an der Qualitätsschraube, so wird nunmehr ein kleiner Teil der Weine im Holzfass ausgebaut. Spontanvergärung mit den sogenannten »wilden Hefen« direkt aus dem Weinberg spielt eine gewisse Rolle, soll aber die hier immer so vielschichtig eleganten Silvaner nicht dominieren.

Escherndorfer Lump Silvaner »S« trocken · Weingut Horst Sauer · Magdalena & Horst Sauer · Bocksbeutelstraße 14 · 97332 Escherndorf · Tel. (0 93 81) 43 64 · www.weingut-horst-sauer.de · mail@weingut-horst-sauer.de · Verkauf: Magdalena & Sandra Sauer, Mo–Fr: 9.00–12.00 Uhr & 13.00–18.00 Uhr, Sa: 11.00–17.00 Uhr

Hier sind Sie richtig: Bei Horst & Sandra Sauer in der Bocksbeutelstraße 14
Viele kleine Gebinde im Weinkeller ermöglichen den differenzierten Ausbau der Weinqualitäten

Kerngesunder Spätburgunder in Harmonie mit einer natürlichen Umgebung

Der für die Reben im Burgstall so wichtige Wärmespeicher Bodensee bei Hagnau

Ronald Nüssler – »Besonnen«
auf den Elbterrassen

Ronald Nüssler hat seine Weinbergsflächen in Cossebaude – nur knapp zehn Kilometer von der Dresdener Altstadt entfernt – angepachtet und mit Stefan Bönsch einen Kellermeister engagiert, welcher ihm die Gewächse nach seinen klaren Vorstellungen ausbaut. Diese Weine präsentieren sich allesamt jugendlich frisch und in modernem Design gewandet. Der hier ausgewählte zartfruchtige Rosé mit belebender Säure und zurückhaltendem Alkoholgehalt stammt von der edlen Rebsorte Spätburgunder und ist von Nüssler feinsinnig dem Dichterfürsten Goethe gewidmet: »Der Wein erfreut des Menschen Herz, und die Freudigkeit ist die Mutter aller Tugenden.«

Spätburgunder »Besonnen« Rosé · Weingut Ronald Nüssler · Ronald Nüssler · Basteistraße 5 · 01277 Dresden · Tel. (03 51) 16 09 16 91 · www.ronald-nuessler.de · nuessler@ronald-nuessler.de · Verkauf: nach Vereinbarung

Hagnau: »Blanc de Noirs«
zum Sonnenuntergang

Dieser köstlich vielschichtige und trocken ausgebaute Weißwein aus der schwarzblauen Pinot-Noir-Rebe, also von Spätburgunder-Trauben, ist eine kluge wie köstliche Kreation des jungen und talentierten Kellermeisters Jochen Sahler. Der 1881 gegründete Winzerverein Hagnau ist die älteste Kooperative Badens und weiß mit seiner ganzen Palette feingliedriger trockener Weißweine, die allesamt aus der sehr guten Lage Burgstall zwischen Meersburg und Immenstaad stammen und hier unter idealen Bedingungen wachsen, zu überzeugen. Kurt Tucholskys Bonmot »Schade, dass man Wein nicht streicheln kann!« ist der Leitspruch des sympathischen Kellermeisters.

Hagnauer Burgstall Blanc de Noirs · Winzerverein Hagnau · Tobias Keck · Strandbadstraße 7 · 88709 Hagnau · Tel. (0 75 32) 10 30 · www.hagnauer.de · info@hagnauer.de · Verkauf: Vinothek, Mo–Fr: 8.00–18.00 Uhr, Sa: 9.00–13.00 Uhr, Sa: 9.00–16.00 Uhr (April–Okt.)

Christian Stahl –
Dolce Vita mit Secco

Secco und Dolce Vita ... Feder Stahl »prickelnd«, hier ist der Name Programm, eine Weißwein-Cuvée mit den Hauptbestandteilen Scheurebe und Riesling in ihrer Machart voll auf Trinkfreude und Fließgeschwindigkeit gebürstet ... eine herrlich frische Möglichkeit, die Freizeit einzuläuten.

Christian Stahl lernte bei Ludwig Knoll im Weingut am Stein in Würzburg und studierte anschließend in der deutschen Weinbau-Talentschmiede, der Fachhochschule in Geisenheim zwischen Wiesbaden und Rüdesheim im berühmten Rheingau gelegen, wie die weite Weinwelt so schmecken kann und kam wieder nach Hause um der sonst so beschaulichen fränkischen (Wein-)Dorfidylle das Fürchten zu lehren.

Feder Stahl »prickelnd« · Winzerhof Stahl · Christian Stahl · Lange Dorfstraße 21 · 97215 Auernhofen · Tel. (0 98 48) 9 68 96 · www.winzerhof-stahl.de · mail@winzerhof-stahl.de · Verkauf: nach Vereinbarung

Der gastfreundliche Winzerhof Stahl in Auernhofen bei Rothenburg ob der Tauber

Christian Stahl fühlt sich in seinen Reben offensichtlich sauwohl

Weltberühmte Reinhartshausener Lagen bei Eltville im Rheingau
Der Innenhof von Schloss Reinhartshausen

Schloss Reinhartshausen – Riesling mit Geschichte

Ein eigens für den Jahrhundertkoch Eckart Witzigmann kreierter Wein – das ist schon etwas Besonderes.

Alles begann hier Ende des 12. Jahrhunderts, als auf diesen Fluren die Ritter von Erbach und hundert Jahre später die Ritter von Allendorf lebten, 1797 übernahm die Adelsfamilie Langwerth von Simmern. Das Schloss wurde 1801 erbaut. 1855 erwarb Marianne von Preußen, Tochter des Königs Wilhelm I. der Niederlande, das Gebäude mit Grund und machte Reinhartshausen zu einem kulturellen Anziehungspunkt. Weil sie sehr wohltätig wirkte, wurde die Rheinaue mitten im Fluss ihr zu Ehren auf den Namen »Mariannenaue« getauft. Heute ist die lang gezogene Insel auf 23 Hektar mit Burgunderreben, Sauvignon Blanc und Riesling bestockt und Bestandteil des Weingutes Schloss Reinhartshausen, welches mit rund 80 Hektar eigener Rebfläche das größte privat geführte Weingut der Region ist und weit über die Grenzen Deutschlands hinaus bekannt wurde.

 »Der 2015er Siegelsberg Riesling Großes Gewächs ist für mich der Inbegriff eines Erbacher Rieslings von Schloss Reinhartshausen. Seine kühle Mineralität durch den felsigen Boden, gepaart mit dem Ausbau im Holz gibt ihm eine unvergleichliche Struktur und Komplexität.«

»Unsere Familie ist sehr stolz darauf, die Perle des Rheingaus, Schloss Reinhartshausen, mit einem Höchstmaß an Kraft und Visionen begleiten zu dürfen. Dies ist eine neue Chance für das Weingut und seine Mitarbeiter«, so Stefan und Jürgen Lergenmüller, die neuen Besitzer dieser Weinbau-Preziose. Für den »Jahrhundertkoch« und langjährigen Freund von Schloss Reinhartshausen Eckart Witzigmann wurde sogar ein spezieller Riesling aus erster Lage vinifiziert und somit die gatronomische Ausrichtung des Weingutes unterstrichen. Dabei wurden die besten Parzellen aus dem Erbacher Michelmark ausgewählt, welche durch steinige Kalkböden dem Wein Komplexität und Tiefe verleiht und ihn so zu einem idealen Begleiter von Muscheln, Fisch und Krustentieren macht.

Erbacher Siegelsberg Riesling trocken »Holzfass« · Schloss Reinhartshausen · Stefan Lergenmüller · Hauptstraße 39 · 65346 Eltville-Erbach · Tel. (0 61 23) 7 50 48 13 · www.schloss-reinhartshausen.de · service@schloss-reinhartshausen.de · Verkauf: Gerda Kruger, Mo–So: 10.00–18.00 Uhr

08

Jürgen Hofmann – Mit Flintstones am Strand

Das Weißwein-Cuvée »Flint« hat einen einprägsamen Namen: Die englische Übersetzung flint für die Weinbergslage Feuerstein stand hier Pate.

Innerhalb von wenigen Jahren brachte Jürgen Hofmann die im fränkischen Teil des Taubertals zwischen Weikersheim und Rothenburg ob der Tauber gelegene Europastadt Röttingen auf die Weinlandkarte. Mit knapp 20 Jahren und noch in der Ausbildung bei Spitzenwinzer Paul Fürst im fränkischen Bürgstadt übernahm er schon die Regie beim Weinausbau im elterlichen Betrieb mit Besenwirtschaft und schloss zudem ein Weinbaustudium an der Kaderschmiede Geisenheim ab. Zur wirklich empfehlenswerten Besenwirtschaft – Mutter Hofmann ist für die Küche verantwortlich und die Palette hervorragender Weine ist nahezu unerschöpflich – gesellte sich inzwischen ein komfortables Gästehaus hinzu, man ist also auch für längere vinophile Nachtsitzungen allerbestens gerüstet. Eines der ersten ehrgeizigen Ziele des jungen Winzers war es, einen ganz eigenen Wein zu schaffen, welcher durchaus an einen Sauvignon Blanc von der Loire erinnern sollte. Gesagt, getan! Und so beginnt eine nahezu unglaubliche Geschichte mit einer der innovativsten und erfolgreichsten Weißweinkreationen aus Franken. Jürgen Hofmann:»Mit dem ›Flint‹ möchte ich Jung und Alt erreichen, was auch sehr gut gelingt, ebenso erreiche ich damit Weinkenner und Nichtweinkenner. Der ›Flint‹ schmeckt klar und apart, ganz natürlich auch zum Solotrinken und zum Entspannen.«

▶ **Der »Flint« ist ein ganz wunderbarer Allrounder!**

Ein Wein wie ein Sommertag, ganz ideal vorstellbar am Strand, sowohl am Baggersee wie auch im Strandkorb auf Sylt. Kein Wunder also, dass es diese bestechende feinfruchtige und trocken ausgebaute Weißwein-Cuvée aus Riesling, Silvaner und Bacchus als Hauswein eines berühmten Restaurants bis in den Yachthafen von Palma auf der Ferieninsel Mallorca schaffte.

»Flint« · Weingut Hofmann · Jürgen & Alois Hofmann · Strüther Straße 7 · 97285 Röttingen · Tel. (0 93 38) 15 77 · www.weinguthofmann.com · info@weinguthofmann.com · Verkauf: Familie Hofmann, Mo–Sa: 8.00–12.00 Uhr & 13.00–18.00 Uhr

Der kleine fränkische Weinort und »Europa-Stadt« Röttingen, auch Stadt der Sonnuhren
Nicht nur Weißwein gibt es bei Hofmanns: die seltene Rebe Tauberschwarz im Taubertal

Schloss Neuweier –
Riesling-Renaissance

»Das Motto des Bauherrn Philipp von Dalberg von 1549 über der Eingangstür des Schlosses Neuweier: ›Zeyt bryngt Rosen‹ finde ich sehr richtungsweisend.« – Robert Schätzle

Das Ortenauer Schloss Neuweier, dessen bewegte Geschichte bis ins 12. Jahrhundert zurückreicht, ist heute im Besitz der Kaiserstühler Familie Schätzle. Der weit gereiste und erfahrene Önologe Robert Schätzle leitet mit viel Weitblick dieses Traditionsgut; die jahrhundertealten Trockenmauern sind hier ein immens wichtiger Faktor für das besondere Mikroklima dieser hervorragenden Lage, in der seit mehr als 200 Jahren die Rieslingtrauben für den sogenannten »Mauerwein« geerntet werden.

Robert Schätzles Rieslinge zeichnen sich durch große Geradlinigkeit bei gleichzeitig äußerst animierender Saftigkeit aus, echte Weinpersönlichkeiten! Wie ihm dies gelingt, erklärt der sympathische Winzer so: »Jedes Jahr lerne ich dazu, es gibt für mich keine Rezepte. Jedes Jahr ist anders, und das soll und darf man schmecken. Bewusste,

▶ **Ein Wein im Zeichen von Geduld, Teamarbeit und guter Laune.**

entschleunigte Arbeitsweise. Sich Zeit nehmen und Geduld haben. Im Weinberg speziell bei der Lese mit viel Manpower im richtigen Moment bereit sein, zügig zu ernten. Ich bin froh, dass wir seit vielen Jahren dieselben Erntehelfer haben, die inzwischen ihre Kinder mitbringen, da auch sie ›winemaker‹ sind. So ist Wein machen eben Teamarbeit, also eine Kette und das schwächste Glied bestimmt die Qualität des Produkts. Eine gute Stimmung im Team ist für mich essentiell, da ich mit meinem Wein diese Fröhlichkeit auch transportieren will. Im Keller muss man sich möglichst viel Zeit beim Ausbau nehmen, denn der Wein soll den Leuten ja richtig gut tun und diese bestenfalls auch entschleunigen!«

Neuweier Riesling · Weingut Schloss Neuweier · Robert Schätzle · Mauerbergstraße 21 · 76534 Baden-Baden · Tel. (0 72 23) 9 66 70 · www.weingut-schloss-neuweier.de · kontakt@weingut-schloss-neuweier.de · Verkauf: Mo–Fr: 9.00–12.00 Uhr & 13.00–18.00 Uhr, Sa: 10.00–15.00 Uhr

Hier fühlt sich der Riesling besonders wohl: Steillagen über Schloss Neuweier

Beim Anblick dieser Terrassen wird verständlich, warum Steillagen viel Arbeit machen

Hervorragende Bodenformationen im Kraichgau sind die beste Voraussetzung für große Weine

Weingut Heitlinger –
Wandern zum Auxerrois

Der Auxerrois ist eine rare Spielart der Weißburgunder-Rebe und zeichnet sich in dieser Heitlinger-Interpretation durch viel Schmelz und feine Würze aus.

Der Auxerrois hat im Kraichgau eine große Tradition und ist dort auch eine ganz besondere Spezialität. Keine andere Region in Deutschland hat einen größeren Anteil von dieser edlen Rebsorte. Heitlingers Auxerrois wächst auf sehr kalkhaltigen 160 Millionen Jahre alten Keuperböden. Der hohe Kalkgehalt verleiht diesem schlanken Weißwein eine große Finesse mit viel Schliff und Eleganz. Die bei Heitlinger konsequent umgesetzte ökologische Wirtschaftsweise, intensive Pflege im Weinberg und schließlich eine schonende Handlese ergeben viel schmeckbare Harmonie.

Claus Burmeister: »Der Auxerrois ist eigentlich eine etwas laute, poppige Sorte, auf unserem kalkhaltigen Keuper kann er allerdings zu einer echten Persönlichkeit heranreifen, die ich liebe wie ›Easy‹ von Faith No More, Lionel Richies Version wäre nicht so mein Ding!«

Im geschmacklichen Zusammenspiel sucht der Auxerrois ganz selbstverständlich nach eher würzigen Gerichten, also solchen auf geschmacklicher Augenhöhe. Dies können Räucherspezialitäten von Süßwasserfischen, aber auch beste luftgetrocknete Schinken, Südtiroler Kaminwurzen und italienische Salami sein. Ein klassisches Wiener Schnitzel vom Kalb wäre ebenfalls eine glückliche Kombination, vor allem wenn dieses neben dem obligatorischen Zitronenschnitz von kalt gerührten Preiselbeeren begleitet wird. Am besten nachzuvollziehen ist das im gutseigenen Restaurant mit angeschlossenem Hotel Heitlinger Hof, wo neben dem Auxerrois auch die gesamte große Heitlinger-Weinpalette glasweise ausgeschenkt wird.

▶ **Dieser Wein – natürlich gut gekühlt – ist ein idealer Begleiter auf ausgedehnten Wanderungen.**

Auxerrois · Weingut Heitlinger · Besitzer: Heinz Heiler / Gutsleiter: Claus Burmeister · Am Mühlberg 3 · 76684 Östringen-Tiefenbach · Tel. (0 72 59) 9 11 20 · www.weingut-heitlinger.de · info@weingut-heitlinger.de · Verkauf: im Weingut, Mo–Fr: 9.00–18.00 Uhr, Sa: 11.00–18.00 Uhr

Ökonomierat Rebholz – Leben für den Weißburgunder

Bis ins 16. Jahrhundert reicht die Familiengeschichte der derzeitigen »Hofherren« Hansjörg und Birgit mit den beiden Söhnen Valentin und Hans Rebholz zurück, und mit Fug und Recht kann man behaupten, dass hier ein eigener Weintyp entstanden ist, typisch Rebholz eben.

Der studierte Forstmann »Ökonomierat« Eduard Rebholz legte im letzten Jahrhundert mit seiner wissenschaftlich fundierten Idee vom »Naturwein« den Grundstein, welchem sich die heutigen Generationen verpflichtet fühlen und mit einer behutsamen Kultivierung der Böden, ganz im Sinne des biologischen Anbaus, diese grundlegende Arbeit fortführen. Das Rebholz-Credo könnte deshalb auch lauten: Es ist sicherlich wichtig, die natürlichen Zusammenhänge im Ökosystem Weinberg zu verstehen, genauso wichtig ist es allerdings dann auch, eben diese sich entfalten zu lassen.

Dieser Verzicht auf Kontrolle ohne Kontrollverlust funktioniert selbstverständlich nur bei gleichzeitiger Begabung mit Ruhe und Gelassenheit und genau dies charakterisiert den »Typ Rebholz«, denn diese spürbare Souveränität kennzeichnet beide »Typen«, den Winzer und den Wein.

Die facettenreiche Burgunderfamilie wird im Hause Rebholz angeführt von dem hier für die 99-Besten-Selektion ausgewählten Weißen Burgunder VDP-Gutswein Bio. Dieser feine Wein bedeutet für den Weinfreund Trinkvergnügen bei gleichzeitig sehr räsonablem Preis. Besonders eindrücklich wird dies höchst genussvoll nachvollziehbar, wenn man den großen Lagenweinen mehr Reifezeit einräumt, als man dies normalerweise einem Weißburgunder zutraut. Die Rebholz'schen »Großen Gewächse« dieser so oft unterschätzten Rebsorte gehören mit Sicherheit zum Allerbesten, was der Weinfreund an Weißburgunder in der großen weiten Weinwelt finden kann; soll heißen, ein etwas mehr an Ruhe und Aufmerksamkeit hat dieser pure Ausdruck an Lebensfreude nicht nur verdient, vielmehr wird nur so die Einmaligkeit des »Typs Rebholz« erlebbar!

Weißer Burgunder trocken · Weingut Ökonomierat Rebholz · Hansjörg Rebholz · Weinstraße 54 · 76833 Siebeldingen · Tel. (0 63 45) 34 39 · www.oekonomierat-rebholz.de · wein@oekonomierat-rebholz.de · Verkauf: Familie Rebholz, Mo–Fr: 9.00–12.30 Uhr & 13.30–17.30 Uhr, Sa: 10.00–16.00 Uhr

Natur pur, Rebholz'sche Lagen bei Siebeldingen in der Pfalz
Die Winzer-Familie Rebholz: Weinbau ist eine Generationen-Aufgabe

Wenn der Vater mit dem Sohne: Sebastian und Paul Fürst

Paul & Sebastian Fürst – Pfeilgerader Silvaner

Dieser Silvaner wächst auf steinigen Böden und stammt von mit intensiver Handarbeit bearbeiteten Rebstöcken. Puristisch trocken ausgebaut ist dieser Wein niemals opulent, sondern zeigt viel Eleganz und Mineralität.

Das Weingut Rudolf Fürst gehört zu den national wie international renommiertesten Betrieben in Deutschland und bekommt höchste Auszeichnungen wie im Abonnement! Paul und Sebastian Fürst ruhen sich auf diesen Lorbeeren allerdings niemals aus, sondern unterstreichen mit eindrucksvollen Charakterweinen Jahr für Jahr ihre Ausnahmestellung in Franken und in Deutschland.

Dabei richtet man das Augenmerk nicht nur auf die berühmten und raren Großen Gewächse, sondern eben auch auf die lokale Spezialität Silvaner, der hier ein besonders straffes Gerüst verpasst bekommt und ganz vorzüglich in der freien Natur zu einer unkomplizierten, typisch fränkischen Vesper genossen werden kann. So ähnlich muss es damals im berühmten »Wirtshaus im Spessart« geschmeckt haben.

Sieht man Paul und Sebastian Fürsts aufwendig gepflegte Weinberge in Bürgstadt, ist man überrascht über die bodennahe Erziehung der Reben. Vater und Sohn kombinieren dies mit einem relativ weiten Zeilenabstand von zwei Metern und einem sehr engen Stockabstand. So kommen sie im heimischen Centgrafenberg auf stattliche 8.000 Reben pro Hektar, in ihrem Klingenberger Schlossberg sind es sogar 12.000 Reben pro Hektar.

1975 hatte Paul Fürst als gerade 21-Jähriger den schon 1638 erwähnten Betrieb in der Ortsmitte übernommen, nachdem Vater Rudolf allzu früh verstorben war. Aber alles wurde bald zu eng, sodass es zur Aussiedlung kam. Schnell wurde er zum anerkannten Spezialisten für finessenreiche Spät- und Frühburgunder, aber auch immer prachtvolle weiße Burgunder sowie Rieslinge und der fränkische Silvaner zieren dieses Weltklassesortiment.

Silvaner »pur mineral« · Weingut Rudolf Fürst · Paul & Sebastian Fürst · Hohenlindenweg 46 · 63927 Bürgstadt · Tel. (0 93 71) 86 42 · www.weingut-rudolf-fuerst.de · info@weingut-rudolf-fuerst.de · Verkauf: Monika Fürst, Mo–Fr: 9.00–12.00 Uhr & 14.00–18.00 Uhr, Sa: 10.00–15.00 Uhr und nach Vereinbarung

13 Albrecht Schwegler – Gar ned schwäbisch: »D'r Oifache«

Bereits seit über einem Vierteljahrhundert vinifizieren Andrea und Albrecht Schwegler im Remstal Deutschlands gesuchteste Rotwein-Cuvées aus dem Barrique. Mit der zweiten Generation, Julia und Aaron Schwegler, wird diese Tradition erfolgreich fortgeführt.

Im Zentrum der Produktion dieses flächenmäßig durchaus noch überschaubaren Weinguts des weit gereisten Albrecht Schwegler in Korb im Herzen der Rotweinparaderegion Remstal, steht eine der allerbesten deutschen Rotwein-Cuvées, der Kultwein »Granat«, der wie kein anderer Rotwein im Remstal durch fachgerechte Lagerung noch erheblich gewinnen kann und von zwei weiteren Cuvées namens »Saphir« und »Beryll« flankiert wird. Schwegler erreicht bereits mit diesen Zweitweinen ein Niveau, von dem viele andere für ihre Spitzenprodukte nur träumen können.

Die Winzer-Familie Albrecht Schwegler: Die Zukunft des Weingutes ist gesichert!

Das Rotwein-Cuvée »d'r Oifache«, schwäbisch korrekt in der Literflasche abgefüllt, besteht aus mehreren Jahrgängen von Weinen, die teils 12, teils sogar 24 Monate im Fass reiften. Deren allerbeste Qualitäten werden sodann für die Spitzencuvées selektiert. Die immer noch hervorragenden Qualitäten werden zum »d'r Oifache«. Dieser im Ergebnis überhaupt nicht »einfache«, sondern bereits in der Nase herrlich komplexe, an Waldfrüchte erinnernde Rotwein ist ein frischer, fruchtiger, fleischiger Alltagsbegleiter mit großem Trinkfluss.

Albrecht Schwegler: »Wir achten darauf, dass die innere Qualität von Jahr zu Jahr demselben Standard entspricht, da sich für uns gerade in den Basisqualitäten die Handwerkskunst und Kontinuität des Winzers erst wirklich zeigt. Die Natur steht bei allen unseren Arbeiten im Weinberg im Vordergrund. Wir verzichten im Weinberg vollständig auf die Verwendung von Kunstdüngern und konventionellen Pflanzenschutzmitteln. Die Ernährung unserer Reben steuern wir ausschließlich über Einbringung organischen Materials sowie durch unsere artenreichen Einsaaten.«

Rotwein-Cuvée »d'r Oifache« · Weingut Albrecht Schwegler · Albrecht Schwegler · Steinstraße 35 · 71404 Korb · Tel. (0 71 51) 3 48 95 · www.albrecht-schwegler.de · weingut@albrecht-schwegler.de · Verkauf: im gut sortierten Fachhandel

14

Weingut Knipser – Rosé als »Aufputschmittel«

Der Gault&Millau-Weinguide lobt diesen Rosé seit Jahren als einen der besten Deutschlands und schwärmt: »Fast schon ein Aufputschmittel!«

Rosé oder doch besser nicht Rosé? Diese vermeintlich philosophische Frage ist in den sogenannten Weinkennerkreisen oft zu hören und oft wird Roséwein kopfschüttelnd abgelehnt. Warum dieser Vorbehalt? Liegt es vielleicht daran, dass sich diese Expertenzirkel mit ihrer selbstzugeordneten Kennerschaft ein wenig zu ernst nehmen – oder doch eher am katastrophalen Image des Rosés, geprägt in den 1970ern, der als süßer Brummschädelverursacher galt? Ein Image, das ihm bis heute anhaftet? Dabei kann er doch so viel Trinkvergnügen bereiten.

Beides wird wohl eine Rolle spielen. Tatsache ist jedenfalls, dass in der richtigen Situation, wie beispielsweise an einem warm-sommerlichen Samstagnachmittag unter einem schattigen Baum mit Freunden, ein guter, selbstverständlich trocken ausgebauter Rosé der weltbeste Wein sein kann. Mehr Leichtigkeit des Seins und Glückseligkeit des Moments geht in der Welt der veritablen Weinliebhaber jedenfalls nicht. Vom lateinischen »amator« herkommend versteht man im Rosé-verliebten Frankreich unter »amateur« auch nichts ehrabschneidend Unprofessionelles, sondern eben eine Person, die etwas Besonderes auch ganz besonders liebt. So kann man beim Roségenuss ganz getrost als vermeintlich ignoranter »Weinamateur« ruhig und entspannt lächeln, wissend, was den selbstverliebten und vermeintlichen Weinprofis an Lebenskultur und Lebensfreude so alles entgeht!

> ▶ **Dazu Pizza einmal anders, belegt nur mit Datteln, reifem Schafskäse und Lavendelhonig**

Cuvée Clarette Rosé trocken · Weingut Knipser · Stephan Volker & Werner Knipser · Hauptstraße 47–49 · 67229 Laumersheim · Tel. (0 62 38) 7 42 · www.weingut-knipser.de · mail@weingut-knipser.de · Verkauf: Dirk Rosinski, Marion Sailer, Mo–Fr: 10.00–12.00 Uhr & 14.00–18.00 Uhr, Sa: 10.00–16.00 Uhr

Christian Stahl – Müller-Thurgau aus dem Hasennestle

Beheimatet ist der Stahl'sche Betrieb im aus einer Straße sowie drei Gassen bestehenden und von traditioneller Landwirtschaft geprägten Weiler Auernhofen rund 25 Kilometer nördlich von Rothenburg ob der Tauber. Rebstöcke sieht man hier allerdings nicht, die findet man erst an den zehn Kilometer entfernten Steillagen bei Tauberzell, wo in der Lage Hasennestle vielleicht Deutschlands bester trocken ausgebauter Müller-Thurgau gedeiht. Was der mit viel Fingerspitzengefühl renovierte Winzerhof Stahl gastronomisch so zu bieten hat, schlägt jedem Weinfass den Boden aus. Längst ist dieser Familienbetrieb eine feste Adresse selbst bei weit gereisten Genussmenschen. Hier wird eine hocharomatisch feine Küche mit ebenso geradlinig vinifizierten Weinen geboten, eine seltene Symbiose von Wein- und Kochkunst, wie man sie deutschlandweit nur selten findet.

Hasennestle Müller-Thurgau »Damaszener Stahl« · Winzerhof Stahl · Christian Stahl · Lange Dorfstraße 21 · 97215 Auernhofen · Tel. (0 98 48) 9 68 96 · www.winzerhof-stahl.de · mail@winzerhof-stahl.de · Verkauf: nach Vereinbarung

Die steilste Lage an der Tauber: das Hasennestle bei Tauberzell

Fritz Waßmer – Pinot Noir & Syrah für Romeo & Julia

Ein gutes Fingerspitzengefühl hat Fritz Waßmer für seine würzigen Rotweinkompositionen.

Fritz Waßmer war bereits 45 Jahre alt und ein erfolgreicher Landwirt, als er nach intensiven Studien des Weinbaus und der Kellerwirtschaft im Jahre 1998 seine Vision eines eigenen Weingutes in die Tat umsetzte. Als Grundlage zur Verwirklichung seiner präzisen Vorstellungen konnte Fritz Waßmer besondere Einzelstücke der besten Reblagen in den rund um Schlatt liegenden Weinregionen erwerben. Die Waßmer'schen Reben gedeihen heute im Breisgau, im Markgräflerland und am Kaiserstuhl, sind also allesamt geprägt von der sanften Hügellandschaft der Schwarzwald-Vorbergzone mit seinem ausgewogenen und sonnenreichen Klima.

Experimentierfreude und Kreativität führten diesen »Jungwinzer« zu der hier vorgestellten Komposition aus kraftvoll würzigem Syrah und feingliedrig sanftem Pinot Noir, dem international geläufigen Namen des heimischen Spätburgunders. Ein tiefdunkler Wein, fast schon im New-World-Syrah-Stil; und obwohl der Syrah der kleinere Cuvée-Bestandteil ist, dominiert er das Aromaprofil. Dieser Pinot & Syrah führt zwei vermeintlich getrennte Welten zusammen. Die Eleganz des Pinot Noirs trifft auf die Würze des Syrah.

»Kompromisslos wird bei uns alles von Hand gelesen und nur bestes Lesegut kommt in den Keller. Die Traubenreife ist ausschlaggebend, so wie die Trauben im Weinberg schmecken, so wird der Wein. Was nicht in der Frucht und in der Weinbergslage ist, kann später nicht dazukommen«, so Fritz Waßmer. Dieses genau aufeinander abgestimmte Vorgehen bei der Auswahl der Lagen, des Pflanzgutes, der sorgsamen Arbeit im Weinberg und der schonenden sowie auf Traditionen zurückgreifenden Arbeit im Keller, führt zu hohem Qualitätsniveau. So werden die Weine, wie Fritz Waßmer sie haben möchte: »Elegant vielschichtige Gewächse, mit einer klaren Frucht und mit einer komplex kraftvollen, mineralischen Struktur.«

Pinot Noir & Syrah · Weingut Fritz Waßmer · Fritz Waßmer · Lazariterstraße 2 · 79189 Bad Krozingen-Schlatt · Tel. (0 76 33) 39 65 · www.weingutfritzwassmer.de · mail@weingutfritzwassmer.de · Verkauf: Fritz Waßmer, Mo–Fr: 9.00–18.00 Uhr, Sa: 10.00–16.00 Uhr, April–Juni: Mo–So: 8.00–20.00 Uhr

Fritz Waßmer, stolz auf seinen Wein, und das zu Recht

Weinernte ist Teamwork
Grauburgunder in Pixieland

Reinhold Pix – Grauburgunder aus »Pixieland«

Welcome in Pixieland! Unverfälschter Genuss und engagiertes Umweltbewusstsein treffen hier ideal zusammen: »Uns selbst betrachten wir als einen Haufen Idealisten, die es lieben, in und mit der Natur zu arbeiten, und trotz aller Unbill der Natur davon überzeugt sind, das Richtige zu tun.«

Im Weingut vom Grünen-Politikerurgestein Reinhold Pix und dessen Ehefrau Helga, werden beste Weine nach biologischen Richtlinien an- und ausgebaut: »Mit Ehrfurcht vor der Natur, viel traditionellem Winzerhandwerk und Herzblut machen wir individuellen Wein, der durch natürliche Aromen und viel Frucht überzeugt. ›Biodynamie‹ ist für uns ein Qualitätskonzept, um absolute Spitzenweine zu erzeugen.« Sohn Hannes ist hauptverantwortlich für die Weinberge sowie für den Keller, wo nach Demeter-Richtlinien gearbeitet wird. Die Weine sind allesamt durchgegoren und werden im Weinkeller mittels Ganztraubenpressung erzeugt. Selten findet man so viel ursprüngliche Kraft bei gleichzeitig großer Harmonie, sowohl bei den weißen wie auch bei den roten Gewächsen. Dem Grauburgunder gilt ein besonderes Augenmerk, die vorgestellte »leichte« Kabinett-Variante fällt schon kräftig aus und ist ein idealer Essensbegleiter.

Hannes Pix: »Schon immer war es unser Anliegen statt Monokultur ein Ökosystem Weinberg zu schaffen, um zur verantwortungsvollen Nachhaltigkeit einen Beitrag leisten zu können. Mit der jetzigen biodynamischen Wirtschaftsweise versuchen wir diesem Ziel noch näher zu kommen. Mit dem Einsatz von Naturpräparaten wie in der Homöopathie und der Arbeit nach Mondphasen erhöhen wir die Vitalität und Widerstandskräfte der Pflanzen.« Selektive Handlese ist eine Selbstverständlichkeit, die Trauben werden schonend gepresst und die Vorklärung der Moste findet lediglich durch Sedimentation statt. Es gibt keine Schönung der Weine, die in der Regel mit den natürlichen Hefen aus dem Weinberg spontan vergären.

Ihringer Winklerberg Grauburgunder Kabinett trocken · Weingut Pix · Familie Pix · Eisenbahnstraße 19 · 79241 Ihringen · Tel. (0 76 68) 8 79 · www.weingut-pix.de · info@weingut-pix.de · Verkauf: Familie Pix, Di–Fr: 17.00–19.00 Uhr, Sa: 11.00–14.00 Uhr und nach Vereinbarung

Herzlich willkommen bei Bettina Bürklin-von Guradze in Wachenheim
Hier im großen Bürklin-Wolf'schen Weinkeller reifen große Weine

Weingut Dr. Bürklin-Wolf – Riesling für die Welt

Dieser perfekt balancierte Riesling besticht durch seine quellwasser-klare Aromatik und durch das belebende Säurespiel sowohl als Solist wie auch als idealer Essensbegleiter.

Das Weingut Dr. Bürklin-Wolf in Wachenheim, dessen Tradition bis ins Jahr 1597 zurückreicht, ist eines der größten und bedeutendsten Weingüter Deutschlands. Auf einer Fläche von 85 Hektar, einem Schatz von Spitzenlagen in der einzigartigen Landschaft der Mittelhaardt, werden Spitzenrieslinge im Einklang mit der Natur erzeugt. Es entsteht eine offensichtlich sich ge-schmacklich mitteilende, selbsterklärende Aromenharmonie, sodass diese Rieslinge weltweit gesucht und in den besten Restaurants zu Hause sind.

Die Rückbesinnung auf das, was Terroir bedeutet, ist hier nicht einfach ein Lippenbekenntnis, sondern seit vielen Jahren der Ausdruck des Respekts für den Boden und dessen ureignen Charakter. Daher wird seit 2005 das gesamte Weingut biologisch-dynamisch bewirtschaftet. Man lässt hier den Weinen Zeit, sich zu finden, zu formen, zu entwickeln. Was auch für die handelnden Personen gilt. Bettina Bürklin-von Guradze hatte den Mut und die Gelassenheit, nach dem Tod von Kellermeister Fritz Knorr 2012 dem jungen Nicola Libelli die Führung in einem der größten privaten Weinkeller Deutschlands zu übertragen, ein absoluter Glücksgriff. Wer die große Parade von trockenen Rieslingen liebt, für den ist Bürklin-Wolf seit langem und auch weiterhin eine der allerbesten Adressen in Deutschland.

Nicola Libelli: »Unser Gutsriesling ist ein Wein, der wirklich immer Freude bereitet – beim Keltern und am Tisch mit Freunden. Er vereint Komplexität mit Trinkfreude, er ist unser ›Kleinster‹ mit der größten Klappe!«

Riesling trocken · Weingut Dr. Bürklin-Wolf · Bettina Bürklin-von Guradze · Weinstraße 65 · 67157 Wachenheim · Tel. (0 63 22) 9 53 30 · www.buerklin-wolf.de · bb@buerklin-wolf.de · Verkauf: Tom Benns & Regina Görg, Mo–So: 11.00–18.00 Uhr

Becksteiner Winzer – »Rebell« zum BBQ

Dieser »Rebell« steht für einen besonders kraftvollen und ausdrucksstarken Rotwein mit einem geradezu sensationellen Preis-Leistungs-Verhältnis.

Dass der junge Michael Braun, geschäftsführender Vorstand der Becksteiner Winzer, als eine der ersten Amtshandlungen gleich zur Rebellion aufrufen wird, hat dort im in sich ruhenden Taubertal eigentlich niemand erwartet. »Becksteiner Rebell« heißt die innovative junge Linie mit drei herzhaft erfrischenden und dennoch gehaltvollen Cuvées in Weiß, Rosé und Rot. Auch die komplett neu gestaltete Vinothek ist ein sichtbares Zeichen, dass die eher beschauliche Zeit im Zentrum dieser traditionsreichen Weinbauregion mit Weinbergen in Baden, Württemberg und Franken endgültig vorbei ist.

Michael Braun: »Kraftvoll und dunkel, ein betörender ›Rebell‹ mit der trockenen Glut der Sonne im Herzen, umweht von gefährlich köstlichen Kaffee- und Tabakaromen. Die Cuvée der Rebsorten Spätburgunder, Schwarzriesling und Regent überzeugt als Gesamtheit und wird durch die Eigenheiten der einzelnen Rebsorten charakterstark; feine Holznoten heimischer Eiche

▶ **Dieser kraftvolle Rotwein passt vorzüglich zu Pulled Pork und alle anderen Köstlichkeiten aus dem Smoker.**

runden diesen Wein ab. Diesen Wein trinke ich definitiv am Abend mit meiner Frau oder mit guten Freunden. Dabei höre ich gerne Crossover oder Grunge, also etwa die Red Hot Chili Peppers, Nirvana oder Pearl Jam. Das sind die Gruppen, die mich seit Jahren begleiten. Die alten Songs, aber auch die neueren Klänge von den RHCPs. Es darf auch etwas lauter sein und/oder getanzt werden. Wein und starke Musik verlangt nach etwas im Magen. Da kommen schon mal Kesselchips auf den Tisch. Meistens wird es recht spät, bis die Klänge verhallen und ich am nächsten Morgen die ganzen Flaschen wegräume …«

Rotwein-Cuvée »Rebell« · Becksteiner Winzer eG · Geschäftsführender Vorstand Michael Braun · Weinstraße 30 · 97922 Lauda-Königshofen · Tel. (0 93 43) 50 00 · www.becksteiner-winzer.de · info@becksteiner-winzer.de · Verkauf: Vinothek, Mo–Sa: 9.00–18.00 Uhr, So, feiertags: 10.00–16.00 Uhr

Beste Muschelkalk-Lagen im Becksteiner Kirchberg
Die neue Vinothek in der Becksteiner WeinWelt

20

Herbert Meßmer – Sankt Laurent aus dem Barrique

Die Meßmers können auf facettenreichen Böden arbeiten, denn rund um Burrweiler gibt es Schiefer, Granit, Muschelkalk, Buntsandstein und Löss. Verkosten kann man dann alle Gewächse, aber vor allem den komplexen, ganz ausgezeichneten St. Laurent, in der stattlichen Vinothek direkt an der Deutschen Weinstraße, in der übrigens auch Weine von Kollegen zu haben sind. »Je genauer und aufwendiger draußen in den Weinbergen gearbeitet wird, desto weniger muss man im Keller arbeiten und desto mehr zeigt sich die Bodenprägung später auf der Zunge. Unsere Weine sollen Lust machen, Lust auf den nächsten Schluck«, lautet das schlüssige Credo.

Sankt Laurent »Barrique« · Weingut Herbert Meßmer · Familie Meßmer · Gaisbergerstraße 5 · 76835 Burrweiler · Tel. (0 63 45) 27 70 · www.weingut-messmer.de · messmer@weingut-messmer.de Verkauf: Vinothek »Das Weinhaus« · Weinstraße 6 · 76835 Burrweiler · www.dasweinhaus.com · Mi–So: 13.00–19.00 Uhr

Große Weinvielfalt bei Meßmers im pfälzischen Burrweiler

Konrad Schlör –
Rotwein für Monika

Dieser ausdrucksstarke und ungemein würzige Rotwein ist eine Liebeserklärung an alle Weinfreunde und Genießer, aber eigentlich noch mehr an die Ehefrau dieses sympathischen Winzers, denn mit dem »M« hat er diese besonders geschmackvolle Komposition seiner Monika gewidmet!

Konrad und Monika Schlör führen dieses unweit des sorgsam renovierten und überraschend imposanten Klosters Bronnbach gelegene VDP-Weingut mit allergrößter Passion. Mit viel Umsicht entstehen hier ganz eigenständige, in der Tradition der Zisterziensermönche burgundisch anmutende Weine mit großer Ausdruckskraft und feiner Würze. Der für diese Rotweinkreation verwendete Schwarzriesling sowie der verwandte Spätburgunder gehören zu den herausragenden Erzeugnissen dieser sympathischen Winzerfamilie. In der bis auf 300 Höhenmeter, hoch über dem Taubertal gelegenen Spitzenlage First, bereits 1476 urkundlich als »Fyerst« erwähnt, gedeihen diese hocharomatischen, fein gewobenen Weine.

»Ökologisch arbeiten, ohne ein Ökobetrieb sein zu wollen«, heißt für Konrad Schlör der komplette Verzicht auf Unkrautvernichtungsmittel sowie Insektizide und vor allen Dingen keine künstliche Bewässerung in den Ertragsanlagen. Durch die Einsaat verschiedenster Pflanzen wird das Wasserhaltevermögen des Bodens erhöht. Bei starker Sommertrockenheit wird der Boden in jeder zweiten Reihe gelockert, um den Wasserhaushalt besser zu regulieren. Durch die Bodenbearbeitung unter den Stöcken werden die Rebwurzeln gezwungen, tiefer in den Boden einzudringen, was durch die Nähe zum Grundwasser wiederum zu einem stabilen Wasserhaushalt führt. Die sorgsame Handlese bei allen Sorten sowie der Transport in kleinen, stapelbaren, nur zehn Kilogramm fassenden Kästchen, ist Konrad Schlörs höchstes Gebot. Diese besondere Sorgfalt bedeutet, dass am Ende der Ernte nur gesunde und nicht gequetschte Trauben im Kelterhaus weiterverarbeitet werden können.

Rotwein-Cuvée »M« · Weingut Konrad Schlör · Konrad Schlör · Martin-Schlör-Straße 22 · 97877 Wertheim-Reicholzheim · Tel. (0 93 42) 49 76 · www.weingut-schloer.de · info@weingut-schloer.de · Verkauf: Familie Schlör, nach Vereinbarung

22 Weingut Heitlinger – Frauengespräche beim Pinot Blanc

»Der Pinot Blanc ist meine große Liebe, elegant, leise und hat doch so viel zu erzählen!« Claus Burmeister, Winemaker

Dieses ökologisch bearbeitete VDP-Weingut ist durch nun in den Ertrag kommende Neuanlagen weiter gewachsen und hat sich auf stattliche 85 Hektar Rebflächen vergrößert. Durch den vorausschauenden Ausbau der Kellerei in den letzten Jahren bieten sich heute dort allerbeste Voraussetzungen für einen absolut individuellen Ausbau der Einzellagen und dies wird nun auch geschmacklich deutlich spürbar. Dass hier im Kraichgau – in bester Tradition der hier früher wirkenden Zisterziensermönche – die Reben der Burgunderfamilie bestens gedeihen, hat sich inzwischen in der deutschen Weinszene herumgesprochen, wird wohl aber noch für so manche genussvolle Überraschung sorgen. Das eingespielte Team um Gutsleiter Claus Burmeister,

▶ **Für Nachtgespräche unter Männern wie auch unter Frauen bestens geeignet!**

eine wichtige treibende Kraft hinter der Kraichgauer Qualitätsvereinigung »Weiße-Burgunder-Charta«, hat hier inzwischen ein sehr hohes Niveau erreicht. Am besten nachzuvollziehen ist das im gutseigenen Restaurant mit modernem, angeschlossenem Hotel, wo die gesamte große Weinpalette glasweise ausgeschenkt wird.

Claus Burmeister: »Vielschichtig und doch einfach zu trinken, die perfekte Wahl zum weißen Spargel und zu japanischem Essen. Der Heitlinger Pinot Blanc ist mein persönlicher ›täglicher Tischwein‹, so wie ich auch Pearl Jam immer hören kann!« Dieser »Charta«-Weißburgunder (Pinot Blanc) wächst auf den ausgesprochen kalkhaltigen bunten Mergelböden des mittleren Kraichgaus. Die intensive Pflege im Weinberg sowie eine schonende Handlese und eine Saft-Schalen-Kontaktzeit von etwa 24 Stunden lässt hier sein feines Aroma voll entfalten.

Pinot Blanc · Weingut Heitlinger · Besitzer: Heinz Heiler / Gutsleiter: Claus Burmeister · Am Mühlberg 3 · 76684 Östringen-Tiefenbach · Tel. (0 72 59) 9 11 20 · www.weingut-heitlinger.de · info@weingut-heitlinger.de · Verkauf: im Weingut, Mo–Fr: 9.00–18.00 Uhr, Sa: 11.00–18.00 Uhr

Heitlinger Gutsleiter Claus Burmeister: saftige Weine von steinigem Untergrund

TRIAS
Terroir, Passion, Genuss

CERATITES
NODOSUS

CHIROTHERIUM
FÄHRTE

Eingespieltes Duo: Martin Krenig und Armin Störrlein

Weingut Störrlein Krenig –
Echt fränkisch: »Der Frentsch«

Armin Störrleins Großvater erzählte immer von einem wertvollen Schatz, der im Weinberg verborgen liegt. Damals blieb dem Enkel das ein Rätsel. Heute weiß Störrlein, dass Boden und Reben eine besondere Ehe eingehen, aus der große Weine geboren werden.

Durch die behutsame Hand des Winzers werden Trauben zu »flüssigen Edelsteinen«. Davon ist der Randersacker Winzer Armin Störrlein überzeugt, er hat aber noch einen anderen Grundsatz, welcher lautet: »Die Schönheit eines Weines soll gewachsen und nicht gemacht sein.« Armin Störrlein und der für die Reben zuständige Martin Krenig, sein Schwiegersohn, setzen bereits im Weinberg, der in ihrem Fall viele alte Rebstöcke vorweisen kann, voll auf Qualität und beschränken die Erträge nachdrücklich. Eine Besonderheit ist der hier ausgewählte »Frentsch« aus dem sogenannten gemischtem Satz, ein fruchtig-saftiger Wein, der deutlich vom Muskateller und vom Traminer geprägt ist. Übrigens »frentzsch« – für »fränkisch« war im Mittelalter die Bezeichnung für besonders wertgeschätzte Weine. Zur damaligen Zeit habe es nur »Mischsätze« gegeben – es wurden also verschiedene Reben gleichzeitig in einem Weinberg nebeneinander gesetzt. Diese Mischsätze wurden eingeteilt in den sogenannten »Heunischen«, oder eben den »Frentsch«. Während im Heunischen auch einfache Rebsorten wie Elbling, Vernatsch-Trollinger, Gutedel und andere Massenträger stehen durften, waren für den Frentsch nur Edelreben vorgesehen.

Armin Störrlein: »Auch mein Großvater pflegte noch bis in die 1950er-Jahre den ›Frentsch‹. So habe ich vor Jahren diese alte Tradition wieder entstehen lassen. Ich bepflanze diesen kleinen Weinberg, der zwischen mächtigen Steinriegeln liegt, kunterbunt mit grünem Silvaner, gelbem Muskateller, rotem Traminer, weißem Riesling und Burgunderreben. Der unterschiedliche Charakter jeder einzelnen Rebe ergibt das Geschmacksbild des ›Frentsch‹, er ist mein absoluter Favorit zu Meeresfrüchten.«

»Der Frentsch« im Steinriegel Mischsatz · Weingut Störrlein Krenig · Armin Störrlein & Martin Krenig · Schulstraße 14 · 97236 Randersacker · Tel. (09 31) 70 82 81 · www.stoerrlein.de · weingut@stoerrlein.de · Verkauf: Ruth Störrlein, Christiane Störrlein-Krenig, Mo–Fr: 8.00–18.00 Uhr, Sa: 8.00–17.00, So: nach Vereinbarung

Christian Stahl – Scheurebe »Damaszener Stahl«

Der englische Weinjournalist Stuart Pigott attestierte bei der Probe der Stahl'schen 2009er Scheurebe sinngemäß »das ist wie Rauschgift, einmal probiert kommt man nicht mehr davon los!« So kam »Rauschgift« nicht nur auf das Weinetikett, sondern auch in einen Artikel der Frankfurter Allgemeinen, der Wein war binnen Wochen ausverkauft. Die Weinkontrolle empfand den zwielichtigen Begriff jedoch als unangemessen und bat um Änderung. So kamen in den Folgejahren die Titel wie »Kalter Entzug«, »Flashback«, »Whiteout« und »Botenstoff« dazu. Das Wortspiel setzt sich bei der betriebseigenen Weinklassifizierung fort, hier nutzt der Winzer seinen Familiennamen. »Feder Stahl« steht für die immer guten Basisweine, »Damaszener Stahl« und »Edel Stahl« für die höheren Qualitätsstufen.

Scheurebe »Damaszener Stahl« · Winzerhof Stahl · Christian Stahl · Lange Dorfstraße 21 · 97215 Auernhofen · Tel. (0 98 48) 9 68 96 · www.winzerhof-stahl.de · mail@winzerhof-stahl.de · Verkauf: nach Vereinbarung

Beschwingt bei der Lese: Christian und Simone Stahl

Otto & Martin Frey – Weißburgunder von Vater & Sohn

25

Bereits die »einfacheren« trockenen Weiß- und Grauburgunder bieten ungemein viel Trinkvergnügen für kleines Geld! Martin Freys selbstbewusstes Credo lautet: »Jeder Wein trägt meine persönliche Handschrift!« Die Weine aus dem Glottertal sind einem besonders kühlen Mikroklima ausgesetzt, was einen eigenen, säurebetonten, rassigen Stil prägt. Jahr für Jahr präsentieren Vater Otto und Sohn Martin Frey eine sehr differenzierte Palette hochwertiger Weine, geprägt von Schliff und Eleganz. Ganz speziell beim Weißburgunder »Aigi∗∗∗« kommen Schmelz und sehr viel Charakter ins Spiel: »Ein Wein für Spezialisten – mit Kraft, Mineralität und langem Atem!«

Weißburgunder »Aigi∗∗∗« · Weingut Otto und Martin Frey · Martin Frey · Im Brühl 1 · 79211 Denzlingen · Tel. (0 76 66) 52 53 · www.frey-weine.de · info@frey-weine.de · Verkauf: Barbara Frey, Do–Fr: 9.00–12.00 Uhr & 14.00–19.00 Uhr, Sa: 9.00–16.00 Uhr und nach tel. Vereinbarung

Drei Generationen: die große Breisgauer Winzer-Familie Frey

Wilhelm & Oliver Haag –
Riesling unter Männern

Der Fritz Haag'sche Gutsriesling wird von vielen Weinfreunden als sogenannter Inselwein bezeichnet, denn wenn man die Wahl hätte, eine Sorte Wein mit auf die sprichwörtliche einsame Insel zu nehmen, dann wäre es wohl dieser!

Den Senior Wilhelm Haag kann man getrost als den Grandseigneur unter den Moselwinzern bezeichnen. Es wird kaum gelingen, nachzurechnen, wie viele junge Sommeliers und Weinfreunde von nah und fern er mit seiner immer sympathisch heiteren, aber auch zupackenden Art für seine eigene, ebenso unkomplizierte Mosel-Stilistik gewonnen und nachhaltig begeistert hat! Das siebzehn Hektar große Weingut Fritz Haag trägt die Zusatzbezeichnung »Dusemonder Hof«. Ein Hinweis auf den alten Ortsnamen, denn erst im Jahre 1925 wurde Dusemond, aus dem Lateinischen *mons dulcis* (süßer Berg), in Brauneberg umbenannt. Der Brauneberg, sicherlich einer der eindrucksvollsten Hänge im Moseltal, ist gegliedert in zwei großartige Lagen: Juffer und Juffer-Sonnenuhr. In der Mitte des Braunebergs liegt die außergewöhnliche Spitzenlage Juffer-Sonnenuhr, die etwa zehn Hektar groß ist. Durch eine Geländekrümmung entsteht ein großer, flacher Hohlspiegel, der die Sonne aus jedem Einfallswinkel speichern kann. Am Fuß liegt der Wärmespeicher Mosel, darüber ernsthaft steile Felsen. Vom Gutsriesling über das Große Gewächs bis hin zum edelsüßen Riesling-Topwein präsentiert sich das Haag'sche Angebot stets wie aus einem Guss.

Nur wenige Winzer im Moseltal gehen ihrem Beruf mit dieser Hingabe nach wie Wilhelm Haag und sein Sohn Oliver. »Die Philosophie hat sich nach meiner Übernahme des Weingutes vom Vater überhaupt nicht verändert: Einfach ausschöpfen, was unsere großen Lagen uns so anbieten. Also filigrane, feingliedrige Rieslinge zu erzeugen, die uns die hochanteiligen Schieferböden in den Steillagen möglich machen. Unsere Aufgabe sehen wir dann in der Pflege der Reben sowie einer extrem intensiven Lese und einem traditionellen Ausbau.«

Riesling trocken · Weingut Fritz Haag · Oliver Haag · Dusemonder Straße 44 · 54472 Brauneberg · Tel. (0 65 34) 4 10 · www.weingut-fritz-haag.de · info@weingut-fritz-haag.de · Verkauf: Familie Haag, nach Vereinbarung

Faszinierende Steillage (Brauneberger Juffer) an der Mosel
Oliver Haag im Einklang mit der Natur

Georg Meier – Riesling vom Buntsandstein

Dies ist ein hervorragendes Familienweingut in der Südpfalz, welches genauer gesagt in Weyher am Haardtrand liegt und rund siebzehn Hektar Rebfläche mit über fünf Hektar Riesling im Anbau hat. Speziell die Böden im Weyher Michelsberg mit Granit und Buntsandstein laden dazu ein, Rieslinge mit einer sehr klaren Frucht und von purer Eleganz geprägt zu erzeugen. Georg Meiers Philosophie: »Wir versuchen mit unseren Weinen den jeweiligen Jahrgang sowie das Klima und die Region widerzuspiegeln. Wir nehmen das, was die Natur uns gibt, und versuchen, es mit Hand und Verstand so zu formen, dass große Weine entstehen!«

Weyher Michelsberg Riesling trocken »Buntsandstein« · Weingut Meier · Helmut, Barbara & Georg Meier · Hübühl 9 · 76835 Weyher in der Pfalz· Tel. (0 63 23) 98 85 99 · www.wein-meier.de · info@wein-meier.de · Verkauf: Barbara Meier, Mo–Fr: 14.00–19.00 Uhr, Sa: 9.00–16.00 Uhr

Auch das Weingut zeigt, wie liebevoll man sich der Natur und allem anderen widmet

Zimmerling – Traminer vom Königlichen Weinberg

Klaus Zimmerlings Weinprofil hat sich sehr eigenständig entwickelt; die Weine haben alle Kraft, bleiben aber elegant. Ganz besonders der Traminer kann mit rauchig-nerviger Art begeistern. Das wunderschön gestaltete und gelegene Weingut ist überschaubare vier Hektar groß, die einzige Lage ist der Pillnitzer Königliche Weinberg mit verwittertem Granit. – Klaus Zimmerling: »Hochachtung vor der Natur heißt, ohne Herbizide und Pestizide zu arbeiten. Die extremen Bedingungen im sächsischen Anbaugebiet sind Herausforderung und Chance zugleich. Bei Verzicht auf Menge und mit viel Geduld beim Ausbau ist es möglich, charaktervolle und unverwechselbare Weine zu erzeugen.«

Pillnitzer Königlicher Weinberg Traminer · Weingut Klaus Zimmerling · Klaus Zimmerling · Bergweg 27 · 01326 Dresden-Pillnitz · Tel. (03 51) 2 61 87 52 · www.weingut-zimmerling.de · info@weingut-zimmerling.de · Verkauf: Klaus Zimmerling, Ostern–Okt.: Fr–So: 11.00–18.00 Uhr und nach Vereinbarung

Wein & Kunst: Klaus Zimmerling und die Künstlerin Malgorzata Chodakowska mit Skulptur

Herzlich willkommen bei Dr. Bassermann-Jordan in der Pfälzer Weinmetropole Deidesheim: der Innenhof des berühmten Weingutes und die Probierstube

Dr. von Bassermann-Jordan – Riesling am Kamin

Was für eine Tradition, was für eine Geschichte. Bei Bassermann-Jordan kann man zurückblicken und sagen: Ja, auch vor 150 Jahren war dies schon eines der führenden, wenn nicht überhaupt das beste Weingut der Pfalz.

Historie an sich mag noch kein Kriterium für Qualität sein, doch die Geschichte des Weinguts Geheimer Rat Dr. von Bassermann-Jordan ist die ganz besondere Geschichte einer Familiendynastie, die den Qualitätsweinbau mitbegründet hat und seit knapp 300 Jahren maßgeblich beeinflusst. Der Name Bassermann-Jordan steht seit jeher für erstklassige Lagen. Die Weinberge in Forst, Deidesheim und Ruppertsberg, wo der hier vorgestellte Riesling seinen Ursprung hat, umfassen 49 Hektar Rebfläche in zwanzig Einzellagen. Davon sind mehr als ein Drittel Spitzenlagen wie Hohenmorgen, Kirchenstück und Jesuitengarten. Die trockenen Gewächse von Bassermann-Jordan weisen immer den gewohnten Schmelz auf, sind aber in den letzten Jahren leichter, knackiger, markanter geworden. Kellermeister Uli Mell hat die Nase im Wind, ihm ist nicht entgangen, wo die Reise hingeht, und er setzt dies in bestechender Weise um. Es war Kellermeister Uli Mell und Geschäftsführer Gunther Hauck vergönnt, sich neu aufzustellen, beste Lagen und eine gute finanzielle Ausstattung durch einen Investor waren ideale Voraussetzungen. So wurden in Niederkirchen die Räumlichkeiten der Genossenschaft gekauft, wo jetzt die eigentliche Weinbereitung stattfindet; und diese kann nun wesentlich entspannter und moderner ablaufen als früher in den zwar wunderschönen, aber völlig unpraktischen Sandsteingewölben unter dem Stammsitz in Deidesheim, die heute für Führungen, Empfänge und Verkostungen genutzt werden. Der historische Weinkeller in Deidesheim wird heute vornehmlich noch für den traditionellen Ausbau der Weine im Holzfass genutzt, auch entsteht hier ein Sekt in traditioneller Flaschengärung.

Riesling trocken · Weingut Geheimer Rat Dr. von Bassermann-Jordan · Inhaberin: Jana Niederberger · Technischer Geschäftsführer: Ulrich Mell · Kaufmännischer Geschäftsführer: Gunther Hauck · Kirchgasse 10 · 67146 Deidesheim · Tel. (0 63 26) 60 06 · www.bassermann-jordan.de · info@bassermann-jordan.de · Verkauf: Sebastian Wandt, Tanno Reck, Mo–Fr: 8.00–18.00 Uhr, Sa–So, feiertags: 10.00–15.00 Uhr

Im Weingut Bercher im idyllischen Burkheim am Kaiserstuhl wird auf
jedes noch so kleine Detail geachtet

Arne & Martin Bercher – Grauburgunder vom Vulkan

Arne Bercher: »Fruchtig-florale, geradlinige Eleganz mit viel Saftigkeit, Länge und dienlicher Herbe. Kurz: Trinkfluss mit Rückgrat.«

Jahr für Jahr dreht man bei Berchers weiter an der Stellschraube für eine noch höhere Qualität in der eh schon immer wieder prachtvollen Weinkollektion, so wurde mit viel Fingerspitzengefühl das Erscheinungsbild der Weinflaschen samt Etiketten dezent hochwertig verändert. Ansonsten konzentriert man sich hier voll und ganz auf die Finessen im Weinausbau. Das Motto ist dabei abgeklärt und von viel Erfahrung geprägt, denn so einfach, wie es klingen mag, ist es dann doch wieder nicht: dem Wein mehr Ruhe geben, noch mehr auf die Qualität des Eichenholzes für die Barriques achten, im Grunde Low-Tech statt High-Tech! Und dieses Mehr an Ruhe ist bei den balancierten, in sich ruhenden Gewächsen deutlich erlebbar; die ganze Palette der weißen Burgundersorten ist hier äußerst gelungen und dies eben auch mit dem ganz besonderen aromatischen Etwas des Kaiserstuhls, welches hierbei besonders gut herausgearbeitet wurde. Überragend sind die beiden 2014er Großen Gewächse Haslen und Villinger.

Die Geschichte der Familie Bercher reicht bis ins 15. Jahrhundert zurück. Von der Schweiz war man nach dem Dreißigjährigen Krieg an den Kaiserstuhl gezogen – der Beginn einer Erfolgsgeschichte: Im Jahr 1756 erbaute Franz-Michael Bercher in der Mitte des idyllischen Weinortes Burkheim das Gutshaus, welches seither durchgehend im Familienbesitz verblieb und bis heute der Sitz des Bercher'schen Weinguts ist. Heute hat der junge Familienvater Arne Bercher den Fokus auf der Kellerarbeit und Martin Bercher ist für die Kultivierung der Reben verantwortlich. Gemeinsam leiten sie diesen renommierten Traditionsbetrieb nach dem Motto von Eckhardt Bercher: »Wein ist Arbeit, Wahrheit, Weisheit.«

▶ **Tipp vom Winzer: »Mein Lieblingsgericht zum Grauburgunder sind breite Nudeln mit Steinpilzen!«**

Burkheimer Grauburgunder · Weingut Bercher · Arne & Martin Bercher · Mittelstadt 13 · 79235 Vogtsburg-Burkheim · Tel. (0 76 62) 2 12 · www.weingutbercher.de · info@weingutbercher.de · Verkauf: Familien Bercher, Mo–Sa: 9.00–11.30 Uhr & 13.30–17.00 Uhr

31

August Kesseler – Nachtgespräch mit Lorcher Riesling

August Kesselers Weg in die Spitze des Rheingaus war keineswegs geradlinig, er führte über viele Windungen beharrlich nach oben. Die Spitzenweine aus den Assmannshäuser und Rüdesheimer Toplagen gehören zu den besten Rieslingen des Rheingaus, dabei ist aber auch der Basisbereich und Mittelbau stimmig. Bereits der substanzreiche Lorcher Ortsriesling zeigt mit schieferwürzigen Aromen deutlich seine Herkunft. Den Herausforderungen eines jeden Jahrgangs wird ganz souverän Tribut gezollt. August Kesseler: »Es kann ja nicht jedes Jahr ein ganz großes Jahr sein und es ist ja auch ganz gut, wenn das mit den Großen Gewächsen nicht inflationär wird!«

Lorcher Riesling trocken · Weingut August Kesseler · August Kesseler · Lorcher Straße 16 · 65385 Assmannshausen · Tel. (0 67 22) 25 13 · www.august-kesseler.de · info@august-kesseler.de · Verkauf: nach Vereinbarung

August Kesseler, der Assmannshäuser Weinflüsterer

Martin Müllen –
Slow-Food-Riesling

Martin Müllens Rieslinge wirken in der Jugend zwar etwas verschlossen, zeigen aber jederzeit ihr großes Potenzial. Vor allem überzeugt der trockene Kabinett aus dem Hühnerberg mit seiner druckvollen Art, ein saftiger und fordernder Riesling mit großer Dichte. Der Slow-Food-Unterstützer stellt immer wieder unter Beweis, dass mit traditionellem Ausbau im Holzfass und spontaner Gärung ganz besondere Weine entstehen. Martin Müllen: »Es ist beeindruckend, dass die Kabinettweine aus dem Hühnerberg mit niedrigem Alkohol, zwischen 10 und 11 Prozent eine ausgesprochen hohe Lagerfähigkeit haben.«

Trabacher Hühnerberg Riesling Kabinett trocken · Weingut Martin Müllen · Martin Müllen · Alte Marktstraße 2 · 56841 Traben-Trarbach · Tel. (0 65 41) 94 70 · www.muellen.de · info@muellen.de · Verkauf: Martin & Susanne Müllen, Ostern–Okt.: Mo–Fr: 10.00–12.00 Uhr & 15.00–18.00 Uhr, Sa: 10.00–12.00 Uhr & 14.30–17.00 Uhr, im Winter: Di–Fr: 15.00–18.00 Uhr, Sa: 14.30–17.00 Uhr

Martin Müllen: Entschleunigung im Weinberg

Caspari-Kappel – Riesling
»Vom blauen Schiefer«

Dieser Betrieb hat sich in den letzten Jahren zu einem zuverlässigen Lieferanten feiner Mosel-Rieslinge entwickelt. Selbst die trockenen Basisweine zeigen hier schon Format, etwa der Riesling Liter, ein herzhafter und saftiger Trinkwein. Mit dem trockenen Riesling Kabinett »Vom blauen Schiefer« ist Nico Caspari und Uwe Jostock ein außerordentlicher Wurf gelungen: Er wirkt fast schwerelos, ist dabei verspielt und hat Länge – und das alles bei gerade 11 Prozent Alkohol. Uwe Jostock hat Stationen in den Gütern Immich Batterieberg und Clemens Busch vorzuweisen und stieg dann in das Weingut Caspari-Kappel ein. Ziel ist es, authentische Weine von den steilsten Hängen der Mosel in ökologischer Arbeitsweise zu erzeugen. »Wir könnten es einfacher haben, aber nicht schöner!«

»Vom blauen Schiefer« Riesling Kabinett trocken · Weingut Caspari-Kappel · Nico Caspari & Uwe Jostock · Am Steffensberg 29 · 56850 Enkirch · Tel. (0 65 41) 63 48 · www.caspariwein.de · info@caspariwein.de · Verkauf: Nico Caspari, Uwe Jostock, nach Vereinbarung

Zu Recht zufriedene Gesichter: Nico Caspari & Uwe Jostock

Keine falsche Romantik an der Mosel: steiler und gefährlicher geht's nicht!

34 Hanspeter Ziereisen – Gutedel aus dem Steingrüble

»Frucht ist Kitsch«, natürliche Kräuter-Aromatik und »Frankfurter Grüne Soße«

Hanspeter Ziereisens Credo »Frucht ist Kitsch« zieht sich durch die gesamte Kollektion seiner begeisternden Gewächse. »Meine Moste gären spontan und lagern die ersten 14 Monate ganz ohne Schwefel natürlich im Holz, dabei entsteht ein komplexer Blumenduft, das ist es, was mich interessiert!« Dies ist auch der Grund, warum sich diese eigenwilligen Weine ganz besonders gut zu Gerichten mit Wild oder auch Gartenkräutern kombinieren lassen. So schmeckt ein herb-würziger Wildkräuter-Pfannkuchen zum »Steingrüble« ebenso hervorragend wie die berühmte Frankfurter Grüne Soße, oder auch ein ganz einfaches Butterbrot mit Schnittlauch. Weiter führt Ziereisen aus: »Weinbereitung bedeutet ja in der Regel immer etwas der Natur wegzunehmen. Man schneidet die Reben, bricht aus, verringert das Blattwerk, dünnt

Hanspeter & Edeltraud Ziereisens Weinbergslagen bei Efringen-Kirchen in der »Baseler Bucht«

bei den Trauben aus, trennt den Most von den Schalen, klärt und filtriert letztendlich. Diese Einschnitte versuche ich beispielsweise durch lange Hefelagerung zu kompensieren, vor allem, viel Zeit zu lassen, spielt hierbei letztendlich die ganz große Rolle.«

Die virtuose Interpretation der Markgräfler Brot-und-Butter-Rebsorte Gutedel, vom Einstiegswein »Heugumper« über das hier vorgestellte, unfiltrierte »Steingrüble«, bis hin zum langlebigen »Jaspis« ist bereits mit der Auszeichnung »Kollektion des Jahres« im Gault&Millau-Weinguide Deutschland gewürdigt worden. Hanspeter Ziereisen hatte in einer Festschrift gelesen, dass der am teuersten gehandelte Wein auf dem Müllheimer Weinmarkt 1872 ein 1802er, also ein siebzigjähriger Markgräfler Gutedel war. Diese Weine wurden damals bis zu 100 Jahre im Holzfass gelagert und waren international hoch geschätzt, was alte Weinkarten, beispielsweise aus den Zeppelin-Luftschiffen, eindrucksvoll belegen.

Gutedel Steingrüble Holzfass unfiltriert · Weingut Ziereisen · Hanspeter Ziereisen · Markgrafenstraße 17 · 79588 Efringen-Kirchen · Tel. (0 76 28) 28 48 · www.ziereisen.de · kontakt@ziereisen.de · Verkauf: Edeltraud Ziereisen, Do–Fr: 8.00–12.30 Uhr & 14.00–18.00 Uhr, Sa: 8.00–12.30 Uhr & 14.00–16.00 Uhr, nach telefonischer Vereinbarung täglich möglich

Hanspeter Ziereisen ist gelernter Schreiner, der Wein hat ihn dennoch gefangen …

Matthias & Johannes Müller
– Riesling vom Mandelstein

Die Geschichte dieses Weinguts reicht über 300 Jahre zurück. »Tradition und Kontinuität verwechseln wir nicht mit rückständig oder überholt: Diese Werte verbinden wir mit Fortschritt und Zukunft. Mit großem Respekt bewahren wir das über Jahrhunderte aufgebaute Bewusstsein für die Natur und die Kulturlandschaft des Mittelrheins.« Geführt wird das Weingut heute von Matthias und Marianne Müller, inzwischen ist auch der älteste Sohn Johannes im Betrieb tätig. An der Spitze des Sortimentes steht der Riesling »S« aus dem Bopparder Hamm Mandelstein. Die bewusst frühe Lese ergibt Weine mit eher niedrigem Alkoholwert und knackiger Säure.

Bopparder Hamm Mandelstein Riesling »S« · Weingut Matthias Müller · Mainzer Straße 45 · 56322 Spay · Tel. (0 26 28) 87 41 · www.weingut-matthiasmueller.de · info@weingut-matthiasmueller.de · Verkauf: Marianne Müller, Mo–Sa: 8.00–19.00 Uhr, So: 10.00–18.00 Uhr

Die Winzer-Familie Matthias Müller vor dem modernen Weingut in Spay am Mittelrhein

Burggarten – Weißburgunder mit Silberkapsel

Dieses Heppinger Weingut ist ein beeindruckender Familienbetrieb, gleich vier »Häuptlinge«, der Vater mit drei Söhnen stehen hinter dem Namen Burggarten. Naturnaher Weinbau, integrierter Pflanzenschutz und Traubenselektion im Weinberg gehören hier zu den Grundsätzen. Stolz können Paul-Josef Schäfer und seine drei Söhne auf ihre gesamte Kollektion sein. Kaum ein anderes Weingut an der Ahr kann diese Stimmigkeit und ein so durchweg hohes Qualitätsniveau vom Liter- bis zum Spitzenwein vorzeigen, das ist wirklich große Winzerkunst. Die typischen Rotweine dominieren das Programm, doch sind die Weißweine, wie der hier vorgestellte Weißburgunder, die heimliche Leidenschaft der jungen Generation.

Neuenahrer Weißburgunder trocken »Silberkapsel« · Weingut Burggarten · Paul-Josef Schäfer · Landskroner Straße 61 · 53474 Heppingen · Tel. (0 26 41) 2 12 80 · www.weingut-burggarten.de · burggarten@t-online.de · Verkauf: Paul-Josef, Gitta & Katrin Schäfer · Mo–Fr: 10.00–12.00 Uhr & 13.00–18.00 Uhr, Sa–So: 10.00–13.00 Uhr

Die »Vier Heppinger Häuptlinge«: Paul-Josef Schäfer mit seinen drei Söhnen

Das beschauliche Escherndorf an der Volkacher Altmainschleife

Horst & Sandra Sauer – Riesling für Botticelli

Ein Wein wie ein Gemälde von Sandro Botticelli, denn dieser Riesling steht nicht gerade für schlank und rank, sondern eher für Vielschichtigkeit und geschmackliche Fülle.

Wie der große italienische Renaissancekünstler steht auch Horst Sauer mit Tochter Sandra für eine Art Wiedergeburt, nämlich für die der Escherndorfer Spitzenlage »Lump«. Diese ganz spezielle, einem Amphitheater ähnliche Weinlage, war einfach in Vergessenheit geraten und wurde bis in die 1980er-Jahre hinein nicht mehr in einem Atemzug mit den fränkischen Paraderebbergen »Würzburger Stein«, oder dem »Iphöfer Julius Echter Berg«, heute allesamt als Großes-Gewächs-Lagen wieder auf Augenhöhe vereint, genannt.

Was hierfür dieser alles hinterfragende Ausnahmewinzer insgesamt geleistet hat, steht heute symbolhaft für die glückliche Renaissance des gesamten Frankenweins im Bewusstsein der Weinfreunde Land auf, Land ab. Somit schuf Horst Sauer gleichzeitig und ganz nebenbei eine ebenso glückliche Geschäftsgrundlage für die heutigen jungen Winzerstars, wie Jürgen Hofmann oder Christian Stahl, die von Anfang an, durch die Verwendung von Schlegel-, Bordeaux- und Burgunderflaschen zum Ausdruck brachten, dass sie mit dem angestaubten Image der Bocksbeutel-Seeligkeit der Siebzigerjahre sowieso nichts mehr am Hut hatten. Nur einige wenige, borniert und selbsternannte Rieslingspezialisten können es immer noch nicht verkraften, dass hier in Franken eine ganz neue Rieslingstilistik entstanden ist. Dabei sollten sie sich einfach an der nun größeren geschmacklichen Vielfalt erfreuen. Klar ist, wer hier ultraschlanke Mannequin-Weine erwartet, ist fehl am Platz, aber was dieser für die 99-Besten-Selektion ausgewählte Riesling »S« als trockene Spätlese vinifiziert geschmacklich zu bieten hat, schlägt dem Weinfass im wahrsten Sinne des Wortes den Boden aus, oder erinnert eben doch eher an die berühmte Venus von Botticelli!

Eschendorfer Lump Riesling »S« trocken · Weingut Horst Sauer · Magdalena & Horst Sauer · Bocksbeutelstraße 14 · 97332 Escherndorf · Tel. (0 93 81) 43 64 · www.weingut-horst-sauer.de · mail@weingut-horst-sauer.de · Verkauf: Magdalena & Sandra Sauer, Mo–Fr: 9.00–12.00 Uhr & 13.00–18.00 Uhr, Sa: 11.00–17.00 Uhr

Gelebte Ökologie im Klumpp'schen Weinberg: die beste Voraussetzung für viel Harmonie im Wein
Moderne Kellertechnik bei Klumpp: wichtig für die pure Aromatik

Markus & Andreas Klumpp – Spargelland-Weißburgunder

Berühmt ist Bruchsal für seinen Spargel, doch jetzt steht hier unweit der Autobahn das vielleicht modernste Weingut Deutschlands!

Angefangen hat hier eigentlich alles ganz einfach, aber auch bereits von Beginn an war alles ziemlich gut, denn ehrlicher Wein und ebenso Ehrliches aus der Küche war das Grundsatzprogramm von Ulrich und Marietta Klumpp. Ein Konzept, welches dieses sympathische Familienweingut ganz schnell zu einem Anziehungspunkt für Weinfreunde aus nah und fern machte. Die Eltern Ulrich und Marietta Klumpp gründeten das Weingut im Jahre 1983 mit gerade einmal einem halben Hektar Größe. Nach der Umsiedlung an den Stadtrand von Bruchsal bewirtschaftet die Weinfamilie Klumpp heute stolze 25 Hektar Weinberge und Vater Ulrich hat sich aufs Destillieren verlegt, besonders gut gelungen ist sein feinfruchtiger Gin.

Seit nunmehr schon über zehn Jahren ist die zweite Winzergeneration mit Markus Klumpp als leitendem Kellermeister und seinem Bruder Andreas als Verantwortlichem für den Außenbereich in diesem bereits seit 1996 ökologisch arbeitenden Familienweingutes am Werk. Mit dem kompletten Neubau des Weingutes haben sich die beiden einen Traum erfüllt.

Markus Klumpp: »Eigentlich sind wir noch ein junges und vor allem dynamisches Weingut, das jedes Jahr die Stellrädchen noch etwas enger dreht, um das Maximum an Qualität in Weinberg und Keller zu produzieren. Uns ist es bei der Stilistik der Weine wichtig, die Kombination aus Kraft und Finesse zu finden!«

Mit einer immer wieder bestechenden und zu 99 Prozent trocken ausgebauten Kollektion bestätigt dieser herausragende Betrieb seine Spitzenstellung zwischen Heidelberg und Baden-Baden und weiß im Speziellen mit den weißen Burgundersorten und gekonntem Holzeinsatz zu begeistern. Stellvertretend wurde für die 99-Besten-Selektion ein wunderbar harmonisch und trocken ausgebauter Weißburgunder ausgewählt.

Weißburgunder Kirchberg · Weingut Klumpp · Ulrich Klumpp · Heidelberger Straße 100 · 76646 Bruchsal · Tel. (0 72 51) 1 67 19 · www.weingut-klumpp.com · info@weingut-klumpp.com · Verkauf: Familie Klumpp, Mo–Fr: 9.00–12.00 & 14.00–18.00 Uhr, Sa: 9.00–13.00 Uhr und nach Vereinbarung

Thomas Seeger –
Selbstbewusster Auxerrois

Der Harley-Fahrer Thomas Seeger ist eine echte Type und vinifiziert aus Heidelberger Lagen im nahe gelegenen Leimen markante Weißweine.

Der Spitzenwinzer Thomas Seeger aus Leimen bei Heidelberg hat einen durchaus markanten Auftritt; selbstredend, dass er auch für eine eigene, sehr selbstbewusste Weinstilistik eintritt, welche vor allem bei seinen gesuchten Rotweinen von einer ganz eigenen, in ganz Deutschland wirklich einzigartigen kräftigen Aromatik geprägt ist. Am ehesten lassen sich diese Preziosen mit den besten roten Gewächsen aus der sogenannten Neuen Welt wie Australien, Neuseeland oder auch Kalifornien vergleichen. Diese beeindruckende und bei den Spitzenweinen ebenfalls selbstbewusst bepreiste Weinkollektion besticht allerdings schon im Basissegment mit dem für diese 99-Besten-Selektion ausgesuchten, feinnervigen und trocken ausgebauten Heidelberger Auxerrois »AS«, der enorm viel Trinkvergnügen bietet. Dazu meint der Winzer selbst:

▶ **Kein reiner Männerwein! Kraftvoll elegant, weiß er sich nahezu überall perfekt in Szene zu setzen.**

»Manchmal gibt es so Tage abseits von Riesling und Chardonnay, wo einem überhaupt nichts schmeckt, was man so im Keller hat, und dann greife ich einfach in die Kiste mit dem Auxerrois ›AS‹ und alles wird gut!«

Das Herzstück der harmonisch abgestuften Weinpalette aus dem zehn Hektar großen VDP-Weingut sind die überragenden Spätburgunder, die weit über die Region hinaus ihresgleichen suchen. Sie sind geprägt durch ihre Harmonie mit einem Struktur gebenden kräftigen Holzeinsatz. Seeger pflegt einen kraftvollen Stil, der von dunklen Früchten, markanten Gerbstoffen und einer zarten Fruchtsüße getragen wird. Großartig sind hier natürlich auch die immer würzigen Großen Gewächse vom Weiß- und Grauburgunder.

Heidelberger Auxerrois »AS« Holzfass · Weingut Seeger · Thomas Seeger · Rohrbacher Straße 101 · 69181 Leimen · Tel. (0 62 24) 7 21 78 · www.seegerweingut.de · info@seegerweingut.de · Verkauf: Thomas & Susanne Seeger, Do–Fr: 15.00–18.00 Uhr, Sa: 10.00–14.00 Uhr und nach Vereinbarung

Thomas Seeger in der gutseigenen Weinstube: sein Lieblingsplatz außerhalb des Weinkellers

Hofgut Falkenstein – Riesling aus dem Herrenberg

Erich Weber hat seinen Falkensteiner Hof in einem Seitental der Saar mithilfe seiner Frau in eine echte Idylle verwandelt. Inzwischen ist mit Sohn Johannes die nächste Generation in den Betrieb eingestiegen. Die Webers sind Protagonisten des klassischen Saar-Rieslings, alle Weine sind trotz ihrer Leichtigkeit unter 10 Prozent absolut ausdrucksvoll. An der Spitze steht ein grandioses Trio feinherber Rieslinge aus dem Herrenberg, wie man sie selten antrifft. »Kontrolliertes Nichtstun heißt durch Verzicht auf Dünger und Herbizide eine artenreiche Begrünung im Rebberg. Im Keller werden die Weine ausschließlich im Holzfass ausgebaut und erfahren dort keinerlei korrigierender Maßnahmen. So erhalten wir Weine die leicht, tänzelnd und erfrischend sind. Es sind Fingerabdrücke ihrer Herkunft.«

Herrenberg Riesling Spätlese »4« feinherb · Hofgut Falkenstein · Erich & Marita Weber · Falkensteinerhof 1 · 54329 Konz-Niedermennig · Tel. (0 65 01) 62 55 · winzerweber@web.de · Verkauf: Erich & Marita Weber, nach Vereinbarung

Erich Weber bei der Rebstockpflege
Auch das fertige Produkt erfährt noch liebevolle Zuwendung

41 Weingut Weiser-Künstler – Riesling-Exotik

Viel Geschmack bei erstaunlich geringem Alkoholgehalt von Reben, die mehr als 100 Jahre alt sind!

Der Weinbautechniker Konstantin Weiser war Betriebsleiter im Weingut Immich Batterieberg in Enkirch. Zusammen mit Alexandra Künstler startete er 2005 sein eigenes Gut mit knapp zwei Hektar in der Enkircher Ellergrub, inzwischen hat sich die Rebfläche verdoppelt. Diese nicht flurbereinigte Parzelle, die ausschließlich mit wurzelechten, zum Teil über 100 Jahre alten Rieslingreben bestockt ist, bildet den Grundstock des Betriebs. Alle Reben stehen in terrassierten Steillagen auf Schieferverwitterungsboden. Diese Lagen wurden bereits bei der Klassifikation von 1897 in der jeweils höchsten Kategorie eingestuft.

Für die trockenen Rieslinge wird hier eher die karge, salzige Aromatik präferiert. Der Gutswein ist frisch und spontan, pikant und rassig. Ein Paradebeispiel für einen großen Kabinettwein von der Mosel ist der hier ausgewählte Enkircher Ellergrub: transparent und ätherisch, aber auch kühl und würzig. Dieser Kabinett kommt aus einem Weinberg der sehr steil und kleinteilig terrassiert ist. Wurzelechte Reben liefern die Beeren für diesen Wein. Die Aromen sind aufgrund des geringen Ertrages sehr konzentriert. Der Weinberg mit seinem blauen Schiefer, seinen Treppen, Kräutern, Insekten, Kleinstlebewesen spiegelt sich wunderbar in diesem so lebendigen Wein. Alexandra Künstler: »An jeder Ecke gibt es etwas anderes zu entdecken, genauso wie in diesem sehr vielschichtigen und spannenden Wein. Leichtfüßig mit nicht einmal 8 Prozent Alkohol, fein balancierend, elegant, aber nicht zu glatt, Ecken und Kanten, Sprünge, Finesse, alles lässt sich darin finden. Auch ganz jung schon macht dieser Riesling Kabinett viel Freude, es ist Sommersonne und Lebensfreude in Flaschen gepackt, daher macht er mir auch zu vielerlei Gelegenheiten einfach Spaß!«

Enkircher Ellergrub Riesling Kabinett · Weingut Weiser-Künstler · Konstantin Weiser & Alexandra Künstler · Wilhelmstraße 11 · 56841 Traben-Trarbach · Tel. (0 65 41) 81 99 43 · www.weiser-kuenstler.de · weingut@weiser-kuenstler.de · Verkauf: ab Hof möglich

Guter Wein macht glücklich: Konstantin Weiser & Alexandra Künstler
Die Enkircher Ellergrub an der Mosel mit den typischen kleinteiligen Terrassen

Spitzenlage an der Saar: der Ockfener Bockstein
Gelebtes Vermächtnis: das Weingut von Othegraven

Weingut von Othegraven – Fruchtiger Bockstein

Seit 2010 führen Günther Jauch, dessen Großmutter eine geborene von Othegraven war, und seine Frau Thea das Weingut in siebter Generation. Kellermeister Andreas Barth: »Wir verstehen uns nicht als Weinmacher, sondern als Begleiter der im Weinberg heranreifenden Qualität. Schonendes Verarbeiten und das unbedingte Beachten des Zeitfaktors – unsere Weine gären bis zu 250 Tage – prägt unser Handeln. Jeder Wein bekommt die Zeit, die er benötigt, Filtrationen und andere Eingriffe werden auf ein Minimum reduziert. Nur so werden wir den hohen Ansprüchen unserer exzellenten Lagen gerecht!«

Ockfener Bockstein Riesling Kabinett · Weingut von Othegraven · Günther Jauch · Kellermeister und Geschäftsführer: Andreas Barth · Weinstraße 1 · 54441 Kanzem · Tel. (0 65 01) 15 00 42 · www.von-othegraven.de · info@von-othegraven.de · Verkauf: Mo–Fr: 8.30–16.30 Uhr und nach Vereinbarung

Karger Schieferboden: die Voraussetzung für feinste Weine

Burg Ravensburg – Wein der Kelten: »Creichgowe«

Das keltische Worte »creich« steht für Tongestein, welches die Kraichgauer Böden ganz besonders auszeichnet. Creichgowe wird im Lorscher Codex erstmals 769 erwähnt und steht für die erste Schreibweise der Region Kraichgau in einem der ältesten Kulturräume Europas.

Die Cuvée »Creichgowe« setzt sich aus den bedeutendsten regionalen und miteinander verwandten Rebsorten Weißburgunder, Auxerrois, Grauburgunder und dem weiß gekelterten Spätburgunder zusammen und interpretiert damit die Tradition des früher weitverbreiteten »gemischten Satzes« mit großer geschmacklicher Harmonie auf neue Art.

Die von einem runden Dutzend Kraichgauer Winzer aktuell gegründete »Weiße-Burgunder-Charta« steht für ein klares Bekenntnis zum traditionellen Winzerhandwerk und zur Herkunftsregion der Weine. Das Signet der Vereinigung verbindet den Kurpfälzischen Löwen, der als König der Tiere Erhabenheit und Mut symbolisiert, mit dem Esel als Wappentier des Ritterkantons Kraichgau. Wieso haben Ritter sich dieses Tier ausgesucht? Der Esel wurde als Sinnbild für Stationen der biblischen Geschichte, wie etwa die Geburt Jesu Christi im Stall zu Bethlehem begriffen.

Auch ist der Kraichgau, sogar weltweit gesehen, die Kernregion für die Rebsorte Weißburgunder. Die besonderen Weinbergböden sind das wichtigste Gut der Charta-Winzer, sie sind die Grundlage für die Qualität der Trauben und verleihen den Weinen ihre Unverwechselbarkeit. Daher stehen die Bodengesundheit der Weinberge sowie naturnahe, nachhaltige Bewirtschaftung an erster Stelle. Die Charta-Weine sollen die Region und die Individualität des Winzers widerspiegeln. Bei der Weinbereitung werden keine neuen önologischen Verfahren angewandt. Die Trauben werden ausschließlich von Hand geerntet und die Weine trocken ausgebaut; der Restzuckergehalt liegt unter vier Gramm pro Liter.

Cuvée Creichgowe · Weingut Burg Ravensburg · Besitzer: Heinz Heiler / Gutsleiter: Claus Burmeister · 75056 Sulzfeld, Tel. (0 72 59) 9 11 20 · www.weingut-burg-ravensburg.de · info@weingut-heitlinger.de · Verkauf: Am Mühlberg 3, 76884 Östringen-Tiefenbach, Mo–Fr: 9.00–18.00 Uhr, Sa: 11.00–18.00 Uhr

Der wichtigste Moment im ganzen Weinjahr: der perfekte Lesezeitpunkt

Durbacher Steillagen: Handarbeit ist Pflicht!
Der Steinberg über Durbach

Durbacher Sauvignon Blanc vom Steinberg

Von den stattlichen 450 Hektar steiler und felsiger Rebfläche rund um den bekannten Weinort Durbach bewirtschaftet die nach wie vor beste Genossenschaft Badens zusammen mit über 80 Vollerwerbswinzern, die es in dieser Anzahl einmalig nur in Durbach gibt, bereits stolze 340 Hektar auf ökologische Wirtschaftsweise. Die weiße Selektionslinie »Steinberg« setzt Jahr für Jahr mit einem überraschend zarten, aber bestens strukturierten Sauvignon Maßstäbe in der internationalen Weinwelt. Kellermeister Rüdiger Nilles: »Lage ist durch nichts zu ersetzen – und die Durbacher Lagen schon gar nicht.« In Durbach spielt zudem die hundertprozentige Handlese eine große Rolle bei der Erzielung solch konstanter Qualität.

Sauvignon Steinberg · Durbacher Winzergenossenschaft · Stephan Danner · Nachtweide 2 · 77770 Durbach · Tel. (07 81) 9 36 60 · www.durbacher.de · WG@durbacher.de · Verkauf: Ulrich Litterst, Frank Huber, Mo–Fr: 9.00–18.00 Uhr, Sa–So: 9.00–13.00 Uhr

Schloss Salem – Birnauer Seewein – eine sanfte Brise

Der eleganteste Seewein Deutschlands, duftig und zart wie eine sanfte Brise.

Das Weingut im Kulturdenkmal Schloss Salem, einem ehemaligen Zisterzienserkloster und dem heutigen Sitz der Markgrafen von Baden, begeistert Jahr für Jahr mit den zartgliedrigen »Seeweinen« aus der hier so typischen und überzeugenden Rebsorte Müller-Thurgau. Kein Wunder, dass die den See überblickende Wallfahrtskirche Birnau so zufrieden auf die Reben rundum zu schauen scheint.

Diese betörend feingliedrigen Müller-Thurgaus von den klimatisch begünstigten und von alpinem Kalkgestein geprägten Hochlagen gehören zum elegantesten, was diese Rebsorte in ihrem gesamten Verbreitungsgebiet vom Trentino über Südtirol, in die Schweiz, den Bodensee bis hoch nach Franken zu bieten hat. Unter der Ägide von Gutsleiter Volker Faust tut man zudem sein Bestes: Die trocken ausgebaute Variante von den historischen Weinbergen rund um die Birnau unweit des markgräflichen Oberhofs besticht mit diskretem Muskatbukett und sanfter Länge. Der Tropfen begleitet ganz ideal den nur in ein wenig Petersilienbutter geschwenkten Bodensee-Kretzer (Flussbarsch). Der feinherbe Vertreter aus derselben Lage an der schönen Wallfahrtskirche überrascht mit großer Harmonie zwischen feinnerviger Säure und zartsüßer Fruchtsüße sowie einem geringem Alkoholgehalt unter 9 Prozent! Dieser ganz besondere Wein – ein Wunschkind von Prinz Bernhard – eignet sich bestens als Solist für einen sonnigen Sommernachmittag am See.

Die klugen Zisterziensermönche brachten eine Weinkultur hervor, die ihresgleichen sucht. Also ist es hier guter Brauch die Rebanlagen weiterhin nicht als Hochleistungsplantagen, sondern als gepflegten Garten zu sehen. Man ist folgerichtig auch Weingärtner und nicht Hightech-Winemaker. Das ist in der wunderbar geschwungenen Landschaft zu erleben und natürlich ebenso zu erschmecken.

Birnauer Müller-Thurgau trocken · Weingut Markgraf von Baden Schloss Salem · Bernhard Prinz von Baden · Schloss Salem · 88682 Salem · Tel. (0 75 53) 8 12 84 · www.markgraf-von-baden.de · weingut@markgraf-von-baden.de · Verkauf: Mo–Sa: 9.00–18.00 Uhr, So, feiertags: 11.00–18.00 Uhr (April–Okt.)

Aus der Rebsorte Müller-Thurgau wird der sanfte Seewein vom Bodensee gekeltert

Die Wallfahrtskirche Birnau am Bodensee scheint aus einem Meer
von Reben herauszuwachsen

46 Markus Drautz – Sauvignon Blanc »Drei Tauben«

Markus Drautz: »Never stop exploring!«

Nach dem viel zu frühen Tod des unvergessenen Richard ›Richie‹ Drautz, Politiker-Urgestein und Barrique-Pionier, zeigt die Winzerfamilie Drautz jetzt mit Mama Monika an der Spitze, was mit dem großem Können von Sohn Markus und einem offenbar genetisch angelegten Sinn für Spitzenqualität so alles möglich ist! Markus Drautz gibt sich zwar ganz bescheiden, wenn man ihn nach seiner speziellen »Rezeptur« fragt, er hat es aber gleichwohl faustdick hinter den Ohren und erinnert dabei unwillkürlich an seinen Vater: »Mir fällt es nicht leicht, etwas über meine Philosophie zu sagen, da immer viel in Bewegung ist, nach dem Grundsatz *panta rhei*, alles fließt. Harmonie ist für mich elementar. Was aber nicht Mainstream oder Belanglosigkeit bedeuten soll. Es geht eher darum, das Gleichgewicht zu finden und Gegensätze zu vereinen.«

Ein echtes Erlebnis ist vielleicht gerade deshalb hier auch der sonst oft unterschätzte Trollinger »Drei Tauben« im Stile eines feinen Spätburgunders. Bei den Weißweinen besticht geradezu kongenial der saftige, für diese 99-Besten-Selektion ausgewählte Sauvignon Blanc, ebenfalls mit dem hauseigenen Qualitätssignet der drei Tauben gekennzeichnet. Der große, auch deutlich teurere Wein-Bruder wird als »Hades«-Sauvignon bezeichnet und glänzt in langlebiger Bordeaux-Manier mit sehr gut eingebundenem Holz. Gut und günstig ist der Blanc de Noirs »Petit Pigeon« mit angenehm feiner Aromatik von roten Früchten. Und man kann gar nicht aufhören zu schwärmen: Ein weiterer empfehlenswerter sowie charaktervoller Klassiker des Hauses mit feiner Reife ist der Sekt »MC«, der Liebling der Hausherrin. Monika Drautz ist übrigens eine passionierte Köchin, die ihre Lieben und Freunde des Hauses mit ganz wunderbaren Salatkreationen zu überraschen weiß, am besten im Sommer auf der Terrasse vor der Küche des Hauses mit einem kühlen Glas Sauvignon Blanc »Drei Tauben«!

Sauvignon »Drei Tauben« · Weingut Drautz-Able · Monika & Markus Drautz · Faißtstraße 23 · 74076 Heilbronn · Tel. (0 71 31) 17 79 08 · www.drautz-able.de · info@drautz-able.de · Verkauf: Stéphanie de Longueville-Drautz & Monika Drautz, Mo–Fr: 8.00–12.00 Uhr & 13.30–18.00 Uhr, Sa: 9.00–16.00 Uhr

Großartige Gastgeber: Monika Drautz mit Sohn Markus & Stéphanie
Hier sind Sie richtig: die neue Drautz'sche Probierstube in der Faißtstraße 23

Das Weingut verfügt über sechs hervorragende Lagen
Ein kleiner Ausschnitt: »Tausende Barriques« im Knipser'schen Weinkeller

Knipsers flirrender Sauvignon Blanc

Sauvignon wie aus dem Bilderbuch: »Intensiver Duft nach Holunderblüte, Stachelbeere und gelben Früchten«.

Wo soll man in der Beschreibung eines Weinguts eigentlich anfangen, wenn die Vielfalt so unglaublich groß ist? Wenn alles gelingt, selbst bei hohen Stückzahlen einzelner Weine? Wenn all dies mit einer Nonchalance präsentiert wird, dass man meinen könnte, die Knipsers würden das einfach so aus den Ärmeln schütteln? Werner Knipser, gelernter Chemiker, hatte den Familienbetrieb mit Rotweinen aus dem kleinen Holzfass bekannt gemacht zu einer Zeit, als diese Ausbaumethode noch in den Anfängen stand. Mit dem Einstieg seines Bruders Volker wurde dies forciert, längst waren neben Spätburgunder auch Merlot, Cabernet Sauvignon oder Syrah hinzugekommen. Auch Volkers Sohn Stephan ist inzwischen dabei und zu einer treibenden Kraft geworden. In der vor wenigen Jahren angebauten und eigentlich doch schon wieder zu kleinen Halle türmen sich Tausende Barriques, doch die Knipsers haben den genauen Durchblick und kennen jedes Fass beim Vornamen und mit Schuhgröße. Ihr großes Geheimnis und der Schlüssel zum Erfolg liegen im exakten Wissen darum, was das sehr Gute vom Besten und das wiederum vom Grandiosen unterscheidet. Überall haben sie da etwas zu bieten. Sehr gut sind stets die Brot-und-Butter-Weine, also etwa der Chardonnay und Weißburgunder, der herrlich erfrischende Clarette als Rosé oder dieser für unsere 99-Besten-Selektion ausgewählte, geschmacklich fast »flirrende« Sauvignon Blanc.

Stephan Knipser: »Wir brauchen auch für unseren täglichen Bedarf Weine die auf unkomplizierte aber charaktervolle Art Trinkfreude bereiten und Lust auf mehr machen. Dabei setzen wir auf Frische, Fruchtigkeit und Spannung zwischen Säure und Mineralität. Das alles bei einem moderaten Alkoholgehalt um die 11,5 Prozent wie bei diesem Sauvignon Blanc aus verschiedenen Weinbergen mit Kalkgestein, Kies und Sand aus den Ablagerungen des Rheines.«

Sauvignon Blanc · Weingut Knipser · Stephan, Volker & Werner Knipser · Hauptstraße 47–49 · 67229 Laumersheim · Tel. (0 62 38) 7 42 · www.weingut-knipser.de · mail@weingut-knipser.de · Verkauf: Dirk Rosinski, Marion Sailer, Mo–Fr: 10.00–12.00 Uhr & 14.00–18.00 Uhr, Sa: 10.00–16.00 Uhr

Philipp Wittmann – Weiß-burgunder am Mittelmeer

»Frei nach der alten Winzerweisheit ›der Wein wird im Weinberg gemacht‹ bietet uns die biodynamische Bearbeitung der Weinberge die Möglichkeit, Weine mit Charakter, Tiefgründigkeit und Viel-schichtigkeit zu vinifizieren.«

Das Wittmann'sche Gut liegt in Westhofen mitten in einem mediterran wirkenden Garten. Unter der breiten Treppe, die in die uralten Gewölbe zu den Holzfässern führt, liegt die Schatzkammer und in ihr der Beweis, dass bei den Wittmanns die Weinkultur schon lange Zeit zu Hause ist. Eine Bonitur von 1930 belegt bereits die Güteklasse 1 von Lagen wie Aulerde, Kirchspiel oder Morstein, wo die Wittmanns gewichtige Anteile haben. Günter Wittmann brachte das Gut als Pionier für trockenen rheinhessischen Riesling nach vorne, Sohn Philipp etablierte es endgültig an Deutschlands Spitze. Ob nun Gutsweine von Scheurebe, Riesling oder Weißburgunder: Sie sind Referenzgrößen, wobei der hier ausgewählte Weißburgunder immer hervorsticht.

Philipp Wittmann: »Der Weißburgunder ist die Burgunderrebe, die sich am besten an unser kühles Klima adaptiert. Wir bauen die Weine aus-schließlich im trockenen Stil im traditionellen Holzfass, dem Stückfass und Halbstückfass aus, dadurch kommt die Mineralität der Westhofener Kalk-steinböden besonders gut zur Geltung.« Bereits seit 1990 betreibt das Weingut zu 100 Prozent Weinbau nach ökologischen Richtlinien und zählt somit zu den Wegbereitern des ökologischen Weinanbaus in Deutschland. Seit über zehn Jahren werden die Weinberge biodynamisch bewirtschaftet.

Der Unterschied zum kontrolliert ökologischen Anbau ist der Einbezug von kosmischen Kräften, Sonne und Mondphasen. Durch deren Bewe-gungsdynamik verändert sich der Einfluss auf die Erde und somit auf die Rebe. Dieser Ansatz liefert Impulse, um ein balanciertes Wachstum der Reben im Weinberg zu erreichen.

Weißburgunder trocken · Weingut Wittmann · Günter & Philipp Wittmann · Mainzer Straße 19 · 67593 Westhofen · Tel. (0 62 44) 90 50 36 · www.wittmannweingut.com · info@wittmannweingut.com · Verkauf: Sophia Mauer, Mo–Fr: 8.00–17.00 Uhr, Sa: 11.00–15.00 Uhr und nach Vereinbarung

Lange Schatten lassen die Szenerie besonders pittoresk wirken
»Großes Holz« im Wittmann'schen Weinkeller

Andreas Laible – Chardonnay aus dem Plauelrain

Das verspricht Genuss: Weißweine mit viel Mineralität aus dem Urgestein.

Wenn der Vater mit dem Sohne erfolgreich zusammenarbeitet, dann gelingt dies – wie im Laible'schen Traditionsgut – bei durchaus unterschiedlichen Charakteren, nur dann wirklich gut, wenn beide Winzer die höchste Qualität anstreben. Denn seit vielen Jahren steht dieses Durbacher Familienweingut für Badens besten Riesling und die feinsten Auslesen aus aromatischen Weißweinsorten wie Scheurebe oder Traminer. Das ist nicht überraschend, denn die Gewächse aus der Familie der noblen weißen Burgunder erfahren hier keine stiefmütterliche Behandlung, sie stehen auf Augenhöhe mit dem Riesling. So auch der hier ausgewählte, trocken ausgebaute Chardonnay aus der Spitzenlage Plauelrain.

Vater Andreas und Sohn Andreas Christian Laible führen das wohl meistprämierte Gut Baden-Württembergs: Viele hundert Goldmedaillen bei Landes- und Bundesweinprämierungen, die man über die Jahre einsammeln konnte, sprechen für sich. Weit mehr als zwei Dutzend Landesehrenpreise und mehr als ein Dutzend Bundesehrenpreise sind Ausdruck der enormen Schaffenskraft und Kontinuität auf hohem Niveau. Dabei fällt den beiden der Erfolg wahrlich nicht in den Schoß. Im Unterschied zu vielen anderen müssen sich die beiden Laibles in der felsenreichen Steillage Durbacher Plauelrain recht plagen, in weiten Teilen muss man dort mühsam mit der Hand bewirtschaften. Die Weine sind dabei allesamt wirklich mineralisch geprägt und sehr charaktervoll, echte Steillagenweine eben.

»Im Weinberg achte ich auf ausgeglichenes, moderates Wachstum der Reben. Dadurch gedeihen Trauben, die ihre charakteristische Mineralik aus den Urgesteinsböden aufnehmen können und dies ergibt wiederum das Rückgrat für Weine, wie ich sie liebe: feinfruchtig, mit Eleganz, mineralischem Druck und saftigem Trinkfluss.«

Durbacher Plauelrain Chardonnay · Weingut Andreas Laible · Andreas Christian Laible · Am Bühl 6 · 77770 Durbach · Tel. (07 81) 4 12 38 · www.andreas-laible.com · post@andreas-laible.com · Verkauf: Familie Laible, Mo–Fr: 8.00–11.30 Uhr & 13.30–18.00 Uhr, Sa: 8.00–11.30 Uhr & 13.30–16.00 Uhr und nach Vereinbarung

Glückseligkeit im Durbacher Plauelrain: Andreas & Petra Laible

Der Durbach Schlossberg: Hier wird seit Jahrhunderten Wein angebaut

Gewürztraminer »Orange Wine« – Schloss Staufenberg

Innovation multipliziert mit Tradition, eine echte Glücksformel für experimentierfreudige Weingenießer.

Seit dem 14. Jahrhundert befindet sich die imposante Schlossanlage Staufenberg – mit gutem gastronomischen Angebot und großer Terrasse, von welcher man das Straßburger Münster sehen kann – im Besitz der Markgrafen von Baden. Der hier erstmals vorgestellte Staufenberger Gewürztraminer »Orange Wine« zeigt dabei sehr schön, wie in diesem altehrwürdigen Weingut durch Teamarbeit und Mannschaftsgeist Neues und Aufregendes entstehen kann. »Gerade mit Blick auf diesen Wein möchte ich die Arbeit und das Engagement unseres gesamten Teams herausstellen«, sagt der erfahrene Gutsleiter Volker Faust. »Unsere jungen Leute sind ja immer nur relativ kurz im Weingut, deshalb steht es in unserer Verantwortung, sie nicht nur technisch gut auszubilden, sondern ihnen in dieser Zeit auch Freiräume zu gewähren, in denen sie sich unter unserem ›Schutz‹ und unserer ›Aufsicht‹ kreativ beweisen können. Wir haben uns hierfür eine Art Weinlabor geschaffen, welches durch den Input neuer, junger Mitarbeiter stetig mit neuen Ideen und Fragestellungen versorgt wird. Nachdem wir uns entschlossen hatten, einen ›Orange Wine‹ auf die Flasche zu bringen, haben wir diesen Auftrag unserem ›Labor‹ übertragen, welches diesen Auftrag erfolgreich umsetzen konnte, weil das kreative Miteinander des jungen Teams funktionierte.« Diese Bereitschaft, ganz neue Wege zu gehen, dokumentiert sich auch darin, dass für den Weinausbau der burgundische Önologe Pierre Millemann als Berater gewonnen

▶ Harmoniert wunderbar mit kräftigem Weichkäse, wie dem Zurwieser »Antons Rote Liebe«, aber auch mit Schwarzwälder Schinken.

werden konnte, der unter anderem auch beim piemontesischen Kultwinzer Angelo Gaja aktiv ist. Dass dies der gesamten Weinpalette, vor allem den Burgunderweinen zugute kommt, liegt auf der Hand.

Schloss Staufenberg Gewürztraminer · Weingut Markgraf von Baden Schloss Staufenberg · Bernhard Prinz von Baden · Schloss Salem · 88682 Salem · Tel. (0 75 53) 8 12 84 · www.markgraf-von-baden.de · weingut@markgraf-von-baden.de · Verkauf: Mo–Sa: 9.00–18.00 Uhr, So, feiertags: 11.00–18.00 Uhr (April–Okt.)

Martin Waßmer –
Grauburgunder-Harmonie

In der badischen Küche schwimmt der Fisch im Wein. Niemand weiß das besser als Martin Waßmer: Winzer, Feinschmecker und Koch in Personalunion.

Jahr für Jahr investieren Martin und Sabine Waßmer in ihr Weingut am Ortsrand von Schlatt. Nach den bedeutenden Rebflächen-Erweiterungen in Spitzenlagen ist nun das Gutsgebäude im zeitgemäßen Château-Stil neu gebaut und die Flaschenausstattung schnörkelloser überarbeitet worden. Bereits die Weißweine im Basissortiment sind hier immer eine Bank: kraftvoll und sortentypisch fruchtbetont. Die fulminanten weißen Burgundersorten sind langlebig mit harmonischem Holzeinsatz vinifiziert. Überragend ist Jahr für Jahr die kraftvolle, trocken ausgebaute Spätlese vom Grauburgunder, ein ganz idealer Begleiter zu Fisch mit klassischer Buttersauce. Es ist kein Wunder, dass sich hier der Wein und die gute badische Küche dermaßen harmonisch kombinieren lassen, ist doch der Winzer selbst ein ausgebildeter und hervorragender Koch, was der geschmacklichen Balance der gesamten Weinpalette selbstredend zugute kommt. So ist auch das vielschichtige und klar abgestimmte Sortiment von Spätburgundern eine Klasse für sich, ihr gehört das besonderes Augenmerk des Patrons. Eine geheime große Liebe gilt aber auch den roten Exoten wie dem Cabernet Franc, der am Ehrenstetter Ölberg immer mehr zur Hochform aufläuft.

Martin Waßmer: »Wir arbeiten umweltschonend naturnah und erwirtschaften lediglich kleine Erträge von im Schnitt unter 40 Hektoliter pro Hektar. Unsere Spitzenweine werden auf natürliche Art und nach burgundischem Stil erzeugt, damit sich das Terroir und die Region im Wein widerspiegeln, deshalb werden die Weine auch ausschließlich mit ihren eigenen Hefen vergoren. Im Vordergrund steht das Ziel höchste Qualität zu erzeugen. Dies erfolgt mit Liebe, Demut und Leidenschaft.«

Grauburgunder Spätlese trocken · Weingut Martin Waßmer · Martin Waßmer · Am Sportplatz 3 · 79189 Bad Krozingen-Schlatt · Tel. (0 76 33) 1 52 92 · www.weingut-wassmer.de · wassmer-krozingen@t-online.de · Verkauf: Martin & Sabine Waßmer, Mo–Sa: 9.00–18.00 Uhr, April–Juni: Mo–So: 8.00–20.00 Uhr

Martin Waßmers großes Trockenmauerprojekt im Dottinger Castellberg
St. Sebastian in Schlatt – Blick von Süden

Claus Schneider – Spätburgunder vom Weiler Schlipf

Diese Qualität zu einem solchen Preis! Das ist rar. Und wenn man sich noch klar macht, wie viel Mühe und Liebe in diesen Wein investiert wird, so verwundert das umso mehr.

Mit dem Weiler Schlipf steht der sympathischen Winzerfamilie Schneider eine schwierige, rutschgefährdete (Schlupf-)Steillage, aber eben auch ein einzigartiges und ausgezeichnetes Kalkstein-Terroir zur Verfügung, welches den Weinen größten Schliff und Eigenständigkeit verleiht. Die Weißen sind keine lauten Weine, sie überzeugen dafür aber Jahr für Jahr durch ihre Finesse und diskrete Frucht, sie bestechen vor allem durch ihre sprichwörtliche Geradlinigkeit und sind zugleich doch sehr vielschichtig. Die Rotweine, allesamt Spätburgunder, kann man mit ihrer ganz eigenen Frische, Eleganz und zart gewobenen Struktur als einzigartig in Südbaden bezeichnen.

»Unser Leitgedanke lautet: Achte die Natur und lebe Deine Leidenschaft. Es muss aus einem selbst, von innen kommen und im Wein weiterleben. Das ist es, was den Unterschied macht!«

Der hier vorgestellte Spätburgunder »Holzfass« ist eine kleine Sensation, denn für unter zehn Euro kann man sich hier bereits an der geschmacklich so unglaublich weiten Weinwelt des Pinot Noirs erfreuen. Und dies kommt nicht von ungefähr, denn es sind sicherlich die besonders kalkhaltigen Böden und die guten Händchen des Winzers, welche diesem Wein dieses Feuer bei gleichzeitiger Eleganz mitgeben. Wissen muss man aber auch, dass hier ein ganz besonderer Freund des Hauses, der erfahrene Önologe Pierre Millemann aus dem Burgund mit am Werk ist. Und Millemann ist so ganz nebenbei auch für die Qualität von einigen der renommiertesten Weingüter dieses Planeten mitverantwortlich! So wundert es kaum, dass auch die nahezu ebenso günstige Pinot Noir Selektion »CS« für unschlagbare 14 Euro auf Spitzenbewertungen im Gault&Millau-Weinguide abonniert zu sein scheint.

Weiler Schlipf Spätburgunder »Holzfass« · Weingut Claus Schneider · Claus & Johannes Schneider · Lörracher Straße 4 · 79576 Weil am Rhein · Tel. (0 76 21) 7 28 17 · www.schneiderweingut.de · info@schneiderweingut.de · Verkauf: Susanne Hagin-Schneider, Di–Fr: 9.00–12.00 Uhr & 14.30–18.30 Uhr, Sa: 9.00–14.00 Uhr und nach Vereinbarung

Die Winzerfamilie Claus Schneider: hoffnungsfroher Blick in die Zukunft
Auch in der kalten Jahreszeit verliert man die Rebstöcke nicht aus dem Blick

Hans & Moritz Haidle – Hip-Hop zum Lemberger

Würde der Lemberger in Italien wachsen, hieße er vermutlich Nebbiolo, jedenfalls erinnern die besten Gewächse an Barolo und Barbaresco.

Große Würze zeichnet diese rote Rebsorte aus, was zwar eindeutiges Potenzial zur Kritik birgt, aber eben auch eine große Fangemeinde bringt. Moritz Haidle: »Also für mich ist der Lemberger ›S‹ mein Lieblingswein bei uns im Sortiment. Ich finde, das ist ein Alleskönner. Er hat genügend Komplexität und Struktur und ist ein super Essensbegleiter. Gleichzeitig hat er durch die Säure eine gewisse Frische und ist deutlich schlanker als die Großen Gewächse. Dadurch bereitet er auch schon ein bisschen mehr Trinkspaß und animiert den ganzen Abend über zum Weitertrinken. Am liebsten esse ich zum Lemberger Rostbraten. Nicht besonders einfallsreich, dafür besonders gut – und zum Weitertrinken höre ich sehr gerne etwas entspannten Hip-Hop.«

Tradition verpflichtet: Das Weingut Karl Haidle zählt zu den ältesten Weingütern des Remstals, welches seine gesuchten Weine in eigener Regie vermarktet und den eigenen, qualitätsbetonten Weinweg geht. Mit nur einem halben Hektar Rebberg hatte Karl Haidle 1949 den Schritt in die Selbstständigkeit gewagt, derzeit werden auf rund 19 Hektar Rebfläche Weine mit hohem Qualitätsanspruch und unverwechselbarem Sortencharakter kultiviert. Heute führt in der dritten Generation Moritz Haidle mit seinen Eltern Hans und Susanne zusammen mit Schwester Bärbel den individuellen Weinbau selbstverständlich weiter in eigener Regie. Direkt hinter dem Weingut, zu Füßen der Yburg, liegen die besten Lagen des Weinguts – die alten steinernen Weinbergterrassen des »Stettener Pulvermächer«. Noch heute werden die Reben hier nach alter Väter Sitte gehegt und gepflegt. Die Einzellagen »Stettener Häder«, »Mönchberg« und »Schnaiter Burghalde« gehören zu den weiteren bevorzugten Lagen.

Lemberger »S« · Weingut Karl Haidle · Moritz Haidle · Hindenburgstraße 21 · 71394 Kemen-Stetten im Remstal · Tel. (0 71 51) 94 91 10 · www.weingut-karl-haidle.de · info@weingut-karl-haidle.de · Verkauf: Bärbel Frank & Susanne Haidle, Mo–Fr: 8.00–12.00 Uhr & 13.00–18.00 Uhr, Sa: 9.00–15.00 Uhr

Gleich hinter dem Weingut von Hans & Moritz Haidle:
historische Weinbergsterrassen mit der Yburg

Oberhalb von Sulzfeld in Franken
Die Luckerts: guter Wein braucht Ruhe und Gelassenheit

Weingut Luckert – Blauer Silvaner und Pfifferlinge

Sieht man die dunkelrot-violetten Trauben kann man kaum glauben, dass daraus Weißwein wird.

Die Brüder Wolfgang und Ulrich Luckert haben in den letzten Jahren ihren Betrieb in Sulzfeld am Main unweit von Würzburg mit einem klaren Konzept und großer Beharrlichkeit an die deutsche Spitze geführt. Weinbergspflege und Kellerarbeit stehen Pate bei der Entstehung großer fränkischer Weine. Der »Blaue Silvaner« galt fast schon als ausgestorben, als Winzer wie Luckerts ihn gottlob für sich wiederentdeckten. Ob der blaue Silvaner nun eine Urrebe oder nur eine Spielart ist, darüber sind sich die Experten noch nicht einig, die Mehrheit neigt zur Urrebe. »Entdeckt«, sprich herausselektioniert aus dem grünen Silvaner, wurde er in den 1960er-Jahren. Bis heute gibt es jedoch erst einen einzigen Klon und auch die Anbaufläche in Deutschland ist mit nur 20 Hektar absolut winzig. Trotz der grau bis dunkelrot-violetten Trauben ist der blaue Silvaner eine Weißweinrebe, lässt man den Saft auf der Maische etwas stehen, dann erhält der Wein einen rötlich-goldenen Hauch. Er verströmt einen Duft nach gelben reifen Früchten.

▶ **Sulzfeld am Main hat mehr zu bieten als köstlichen Wein: zum Beispiel eine mittelalterliche Befestigungsanlage mit 21 Türmen – und die »Meterbratwurst«.**

»Für uns ist der Blaue Silvaner der beispielhafteste Typ eines traditionellen Silvaners aus der Zeit bevor Reinzuchthefen immer mehr Frucht auch in die Silvaner brachten. Zu diesem würzigen, dichten Wein schmecken uns Pilzgerichte sehr gut, die erdigen Noten des Muschelkalks passen hervorragend zu Pfifferlingen in allen Variationen.«

Der alte fürstbischöfliche Zehntkeller, den die Luckerts Ende der 1970er-Jahre erwarben, gibt dem Familienbetrieb den Beinamen. Und nicht nur das, auch der Erhalt eines derartigen Baudenkmals kann eine Lebensaufgabe sein. Unter diesem und einem benachbarten Anwesen erstreckt sich ein bemerkenswerter Keller oder besser der Verbund mehrerer Keller.

Sulzfelder Blauer Silvaner · Weingut Luckert · Ulrich & Wolfgang Luckert · Kettengasse 3–5 · 97320 Sulzfeld · Tel. (0 93 21) 2 37 78 · www.weingut-zehnthof.de · Luckert@weingut-zehnthof.de · Verkauf: Familie Luckert, Mo–Fr: 8.00–12.00 Uhr & 13.00–17.00 Uhr, Sa: 8.00–12.00 Uhr & 13.00–16.00 Uhr

55 Fischer – Chardonnay aus der Steingrube

»Authentisch, puristisch, wiedererkennbar – so sollen unsere Weine sein«, lautet das Credo von Joachim Heger. Bereits vor Heger hatte in den 1980er-Jahren der Vorbesitzer Otto Fischer hier – weil in Deutschland als Rebsorte als nicht typisch verpönt und eigentlich verboten – »versuchsweise« Chardonnay angebaut. Daher sind die Reben heute in einem idealen Alter und erzeugen einen mineralisch straffen Wein, der immer wieder ganz besonders gut zu gefallen weiß.

Die Basis für die Qualität der Weine ist die Lage Steingrube am Südwestrand des Nimbergs, einer kleinen Erhebung etwa einen Kilometer östlich des Kaiserstuhls. Ein eigenständiges Mikroklima und eine spezifische Bodenstruktur zeichnen diese Weinberge aus.

Nimburg-Bottinger Steingrube Chardonnay Holzfass · Weingut Fischer · Silvia & Joachim Heger · Auf der Ziegelbreite 8 · 79331 Nimburg-Bottingen · Tel. (0 76 63) 17 47 · www.fischer-weine.de · info@fischer-weine.de · Verkauf: Lisa Mayer, Stefan Schneider, Di, Do: 16.00–18.30 Uhr, Sa: 10.00–13.00 Uhr

Weiter Blick Richtung Bergkiche

Hier siedelten schon Römer, sogenannte »villae« lassen sich archäologisch nachweisen

Ökonomierat Rebholz – Komplexer Muskateller

Selbst die »einfachen« Rebholz-Weine sind nie wischiwaschi, denn Präzision und Geradlinigkeit wird hier groß geschrieben. Wo Frische und Leichtigkeit gefragt sind wie beim trockenen Muskateller, reichen wie selbstverständlich 11 oder 11,5 Prozent, und dennoch wird vollster Geschmack transportiert.

Riesling und Burgundersorten sind eigentlich die prominenten und national wie international gefeierten Repräsentanten dieses 22 Hektar großen Weingutes. Aber auch der hier für die 99-Besten-Selektion ausgewählte feingliedrige Muskateller oder der aromatisch vielschichtige und geheimnisvoll duftige Gewürztraminer von über 60 Jahre alten Reben in der »Albersweiler Latt« wird umsorgt und gehütet. Hansjörg Rebholz: »Der Name Rebholz steht für Weine, die mit Respekt vor der gesamten jahrhundertealten Weinkulturlandschaft, mit dem Wissen, der Erfahrung, aber auch der Faszination beim Bearbeiten unserer Weinberge entstanden sind. Dabei sind wir bestrebt, das Einzigartige und Unterschiedliche aus unseren Weinbergen, Rebsorten und den Jahrgangscharakteren herauszuarbeiten.«

Es ist sicherlich wichtig, die natürlichen Zusammenhänge im Ökosystem Weinberg zu verstehen, genauso wichtig ist es allerdings, eben diese sich entfalten zu lassen. Dieser vermeintliche Verzicht auf Kontrolle funktioniert selbstverständlich nur bei der gleichzeitigen Begabung, mit Ruhe und Gelassenheit an dieses anspruchsvolle Unterfangen heranzugehen. Genau dies charakterisiert den »Typ Rebholz«, denn diese spürbare Souveränität kennzeichnet beide »Typen«, den Winzer und den Wein. Hansjörg Rebholz darf getrost als so etwas wie der Spiritus Rector der Weinszene in der Pfalz bezeichnet werden. Es gibt wenig, was er nicht mitbekommt, seine Meinung ist ebenso gefragt wie sein Rat, wenn bei Kollegen etwas nicht ganz rund läuft oder es zu irgendwelchen Problemen kommt, weintechnisch wie politisch.

Muskateller trocken · Weingut Ökonomierat Rebholz · Hansjörg Rebholz · Weinstraße 54 · 76833 Siebeldingen · Tel. (0 63 45) 34 39 · www.oekonomierat-rebholz.de · wein@oekonomierat-rebholz.de · Verkauf: Familie Rebholz, Mo–Fr: 9.00–12.30 Uhr & 13.30–17.30 Uhr, Sa: 10.00–16.00 Uhr

Eine Rebanlage muss keine Monokultur sein
Die Ur-Rebsorte Muskateller hat viele Spielarten

Ein bewährtes Team: Monika & Konrad Schlör
Der Schlör'sche Weinkeller aus typischem Buntsandstein in Reicholzheim bei Wertheim

Konrad Schlör –
Schwarzriesling, mon amour!

Ein unterschätzer Traumwein mit französischen Wurzeln, die große Liebe vom Winzer-Paar Schlör!

Konrad und Monika Schlör führen dieses unweit des Zisterzienserklosters Bronnbach in Reicholzheim bei Wertheim gelegene VDP-Weingut mit allergrößter Passion. Was dieser ganz bewusst überschaubar gehaltene Familienbetrieb auf die Beine stellt, ist beeindruckend. Beim meist unterschätzten Schwarzriesling erzielen sie das Beste, was aus dieser alten Kulturrebe in ganz Deutschland gekeltert wird, denn nirgendwo sonst wird dieser alten Rebsorte, in der Champagne als Pinot Meunier hochgeschätzt und teuer bezahlt, so viel Aufmerksamkeit und Liebe zuteil wie hier. So entstehen eigenständige, burgundisch anmutende Weine mit großer Ausdruckskraft und feiner Würze. Auch der verwandte Spätburgunder gehört zu den herausragenden Erzeugnissen dieser sympathischen Familie. In der bis auf 300 Höhenmeter hoch über dem Taubertal gelegenen Spitzenlage First, bereits 1476 urkundlich als »Fyerst« erwähnt, gedeihen hocharomatische, fein gewobene Weine.

Konrad Schlör: »Kürzlich sagte mir jemand, dieser Schwarzriesling passt sehr gut zu einer guten Zigarre, wenn man alleine oder zu zweit auf der Terasse sitzt und den Abend nach einem erfüllten Tag ausklingen lässt, für mich als Nichtraucher geht das Ganze natürlich auch ohne Zigarre. Mit diesem Wein haben wir unsere Freunde schon oft überrascht und es entwickelt sich eigentlich immer ein sehr schönes Gespräch, ob der Schwarzrieling früher einmal Müllerrebe hieß oder nicht. Dieser Wein löst jedenfalls immer ein positives Aha-Erlebnis aus, besticht durch seine Leichtigkeit mit Frucht und Würze und passt gut zu gegrilltem Fleisch.«

Reicholzheimer Schwarzriesling · Weingut Konrad Schlör · Konrad Schlör · Martin-Schlör-Straße 22 · 97877 Wertheim-Reicholzheim · Tel. (0 93 42) 49 76 · www.weingut-schloer.de · info@weingut-schloer.de · Verkauf: Familie Schlör, nach Vereinbarung

Burg Ravensburg – Blaufränkisch & Wacholder-Würze

Ein Rotwein mit Wacholder-Würze, nicht nur ideal für Jäger, auch italienische Küchenklassiker vermählen sich mit diesem »Gewürzbündel« aufs allerfeinste!

Die ungemein würzige Rebsorte Blaufränkisch steht bei der entsprechenden Sorgfalt und Pflege für enorm lagerfähige Rotweine, die gerne an die berühmtesten Weine Italiens, den Barolo und den Barbaresco, dort auch liebevoll König und Königin genannt, erinnern. Im Weingut Burg Ravensburg hat diese Rebsorte, früher auch als Lemberger bekannt, eine lange Tradition. Bereits um 1660 sollen österreichische Zuwanderer den Blaufränkisch in die Region gebracht haben. Das Weingut ist damit einer der ersten Betriebe, welcher diese Sorte in Deutschland kultivierte. Hier gedeiht diese in Deutschland nur selten kultivierte Spezialität in bis zu 35 Prozent steilen Rebbergen in mineralreichem und warmem Gipskeuperboden rund um die Ravensburg. Diese schon von weitem in der sanften Hügellandschaft sichtbaren, wirklich herausragenden Weinberge und die damit bevorzugte topographische Lage ergeben charaktervolle Weine, die durch ihre feine Würze begeistern.

Das erklärte Ziel ist es, einen wirklich kraftvollen und besonders feinwürzigen Blaufränkisch-Typ mit feiner Tanninstruktur zu gewinnen; und so erfolgt der Ausbau der Weine dieses rund 760 Jahre alten Traditionshauses heute im benachbarten und weinbautechnisch bestens ausgestatteten Weingut Heitlinger unter der Ägide des bewährten Gutsleiters Claus Burmeister: »Der Blaufränkisch ist wie unser Kraichgauer Boden, schwer, würzig und etwas sperrig. Deshalb braucht er viel Zuwendung, belohnt dafür aber mit viel Charakter und Würze. Für mich ist es der ultimative Wein, wenn ich von der Jagd ein Reh oder Wildschwein mitbringe, er passt zum Braten auf ganz natürliche Art, vor allem, wenn es dazu handgeschabte Spätzle gibt und eine Wacholdersauce aus diesem ebenfalls nach Wacholder duftenden Wein.«

Burg Ravensburg Blaufränkisch trocken · Weingut Burg Ravensburg · Besitzer: Heinz Heiler /
Gutsleiter: Claus Burmeister · 75056 Sulzfeld · Tel. (0 72 59) 9 11 20 ·
www.weingut-burg-ravensburg.de · info@weingut-heitlinger.de · Verkauf: Am Mühlberg 3,
76884 Östringen-Tiefenbach, Mo–Fr: 9.00–18.00 Uhr, Sa: 11.00–18.00 Uhr

Im Namen des Raben: die Burg Ravensburg im Kraichgau

59

Klaus Keller – Scheurebe und viel Liebe

Klaus Peter Keller ist ein Ausnahmewinzer, seine Spitzenrieslinge sind weltweit gesucht! Aber auch die oftmals unterschätzte heimische Rebsorte Scheurebe, der »deutsche Sauvignon« gedeiht unter seiner Ägide ganz besonders gut.

Die Bandbreite an Weltklasseweinen hier im Dalsheimer Weingut von Klaus Keller ist atemberaubend. Seine Rezeptur hierfür ist denkbar einfach und ebenso schlüssig: »Wir lieben die Arbeit im Weinberg, sind also viel draußen und selten unterwegs.« Eine Eintrittskarte in die atemberaubende Welt von Klaus Peter Keller ist die trockene Scheurebe aus dem Westhofener Morstein. Ein Alltagswein von alten Reben, die auf Kalkstein stehen. Der Wein fordert heraus, ist fest und strahlend – und mit dem Druck, den man von besten Loire-Weinen aus Sauvignon Blanc gewöhnt ist. Klaus Keller: »Scheurebe ist eine geniale Rebsorte, wenn sie aus alten Reben von kalkhaltigen Böden kommt. Meine Frau hat bei Müller-Catoir und Hans Günther Schwartz gelernt, seit dieser Zeit lieben wir Scheurebe!«

In der Dalsheimer Gemarkung wurden Funde aus allen Kulturepochen der Menschheit gemacht. Dies zeigt, dass dieses Gebiet seit der Jungsteinzeit, also seit etwa 7.000 Jahren besiedelt ist. Die Gelehrten streiten darüber, seit wann der Weinbau hier heimisch ist. Der keltische Stamm der Vangionen, daher auch der Name Wonnegau, könnte vor mehr als 2.000 Jahren die ersten Reben in diese Region gebracht haben. Durch schriftliche Überlieferung nachweisbar ist allerdings, dass spätestens die Römer vor rund 1.800 Jahren die ersten Reben hier kultivierten. Dass die Römer auf Dalsheimer Gebiet siedelten, zeigen zahlreiche Funde, so wurden bei Grabungen alte Gerätschaften, Gräber und sogar ein römischer Hof entdeckt. Der Weinbau scheint von da an aus Dalsheim nicht mehr verschwunden zu sein, in der zweiten Hälfte des 8. Jahrhunderts befand sich der Weinbau bereits in hoher Blüte, was aus mindestens 18 Schenkungen von Dalsheimer Weinbergen König Pippins an das Kloster Lorsch hervorgeht.

Scheurebe trocken · Weingut Keller · Klaus Keller · Bahnhofstraße 1 · 67592 Flörsheim-Dalsheim · Tel. (0 62 43) 4 56 · www.keller-wein.de · info@keller-wein.de · Verkauf: Familie Keller, Mo–Fr: 8.00–11.30 Uhr & 13.00–17.00 Uhr, Sa: 10.00–15.00 Uhr, bitte nach Vereinbarung

Die neunte Generation einer großen Winzer-Dynastie: Klaus & Julia Keller
Ideale Bedingungen und bestes Eichenholz für große Weine

60

Borell-Diehl – Spätburgunder für die Schwiegereltern

Annette Borell-Diehl und Thomas Diehl sorgen genussvoll dafür, dass sich für Weinliebhaber ein Ausflug ins barocke Hainfeld an der Südlichen Weinstraße richtig lohnt. Hier wurde eine schicke Vinothek errichtet und der Hausherr kümmert sich derart intensiv um seine Weine, dass sein Gesicht selbst Stammgästen kaum bekannt ist, wie seine Frau bemerkt. »Für uns ist das Geheimnis eines besonderen Weines entschieden mehr als perfektes und sorgfältiges Arbeiten im Weinberg und im Keller. Es ist Leidenschaft und Hingabe, es ist wachsame Aufmerksamkeit und ständige Sorgfalt um Boden, Rebstock und Traube.«

Edesheimer Rosengarten Kupperwolf Spätburgunder · Weingut Borell-Diehl · Thomas Diehl & Annette Borell-Diehl · Weinstraße 47 · 76835 Hainfeld · Tel. (0 63 23) 98 05 30 · www.borell-diehl.de · info@borell-diehl.de · Verkauf: Annette Borell-Diehl, Katharina Diehl, Mo–Fr: 8.00–12.00 Uhr & 13.00–18.00 Uhr, Sa: 9.00–17.00 Uhr

Herzlich willkommen bei Thomas Diehl und Annette Borell-Diehl in der Weinstraße 47

Jürgen Hofmann – der »vergessene« Tauberschwarz

Der Tauberschwarz ist die wohl geheimnisvollste Rotweinrebsorte in Deutschland, lange Zeit war er vergessen, jetzt wurde er wiederentdeckt!

Ein garstig kalter Winter im oberen Taubertal mit Temperaturen unter –20 Grad Celsius hatte in der Mitte der 1980er-Jahre zur Folge, dass im folgenden Frühling kaum Austriebe in den weitläufigen Rebanlagen rund um Weikersheim zu sehen waren. Nur in einem Seitental der Tauber grünte und blühte ein Weinberg, als wäre nichts geschehen und bei näherem Hinsehen entpuppte sich diese Parzelle als der letzte überlebende Bestand einer alten Kulturrebe, der Tauberschwarzrebe, die sich offensichtlich über Jahrhunderte an das raue Klima dieser Region angepasst hatte.

Jürgen Hofmann: »Meine größte Motivation ist es, hier ein Taubertäler Kulturgut zu erhalten und dabei Tradition und Moderne zu verbinden. Ich möchte auch zeigen, welches Potential im Tauberschwarz steckt, und dass man durchaus Weine mit internationalem Format bekommen kann.«

Der Tauberschwarz wurde seit dem 16. Jahrhundert als Teil des Huntsch angebaut, eines Weins der als »gemischter Satz« aus unterschiedlichen einfachen Weinen aus einem Weinberg angebaut und gekeltert wurde und nicht dem Zehnt unterlag. Erstmals erwähnt wurde die Rebe als »Tauber schwarze Weinbergsfexer« in einem Dekret des Hochstifts Würzburg aus dem Jahr 1726. Durch Rebflurumlegungen in den 1950er-Jahren wurden die Rebstöcke in älteren Anlagen mit Mischsatz gerodet, sodass der Tauberschwarz fast komplett von den Rebflächen verschwand. Damit galt der Tauberschwarz 1959 sogar als ausgestorben, bis man auf einem Weinberg in Ebertsbronn im Vorbachtal auf die letzten verbliebenen Rebstöcke stieß. Seit 1994 ist der Tauberschwarz wieder in die Liste der zum Anbau zugelassenen Rebsorten aufgenommen. Heute sind im ganzen Taubertal zwölf Hektar bestockt, eine verschwindend geringe Menge, denn alleine das Weinbaugebiet Tauberfranken hat gegenwärtig eine Anbaufläche von insgesamt 1.400 Hektar.

Röttinger Feuerstein Tauberschwarz »Holzfass« · Weingut Hofmann · Jürgen & Alois Hofmann · Strüther Straße 7 · 97285 Röttingen · Tel. (0 93 38) 15 77 · www.weinguthofmann.com · info@weinguthofmann.com · Verkauf: Familie Hofmann, Mo–Sa: 8.00–12.00 Uhr & 13.00–18.00 Uhr

Großes Können und großer Ehrgeiz: Johannes Kopp im Ebenunger Weinkeller

Johannes Kopp – Rotwein zum Rehrücken

Faszinierend abgeklärte Rotwein-Stilistik von jungem Winzerteam. Wird das Baden-Badener Rebland das neue Spätburgunder-Mekka?

Der hoch engagierte, jugendliche Johannes Kopp wird bei seiner Arbeit in diesem Spitzenweingut mit allerbesten Lagen rund um Baden-Baden von einem ebenso jungen Team kongenial unterstützt. Zusammen mit Armin Basler und Phillip Wörner bewirtschaftet er umsichtig die mittlerweile von 17 auf 22 Hektar angewachsene Anbaufläche und dreht dabei gleichzeitig mächtig an der Qualitätsschraube in diesem Familienweingut. Absolut überragend ist hier neben harmonischen Weißweinen die facettenreiche Palette feinster und ausdrucksstarker Spätburgunder, mittlerweile sind rund 50 Prozent der Anbaufläche mit dieser äußerst anspruchsvollen, aus Frankreich stammenden Rebsorte bestockt. Darunter auch der Varnhalter Klosterbergfelsen, eine rund einen Hektar große Handarbeitslage. Diese bis vor kurzem noch verwahrloste Rebfläche wurde rekultiviert und in Dichtpflanzung mit rund 8.000 französischen Pinot-Noir-Pflanzen besetzt.

Johannes Kopp: »In unseren Weinbergen arbeiten wir schon seit vielen Jahren mit eigens kompostiertem organischen Material, welches jährlich einmal im Frühjahr ausgebracht wird. Wir verzichten also komplett auf Kunstdünger und sichern so ein gesundes Gleichgewicht in den Böden unserer Weinberge. Dementsprechend gering, aber hochwertig sind unsere Erträge. Beim Ausbau unserer Weine gehen wir natürlich sehr sorgfältig ans Werk und verarbeiten ausschließlich ganz gesundes Lesegut.

▶ **Ein Highlight der klassischen Küche, der Rehrücken »Baden-Baden«, geht mit dem Kopp'schen Spätburgunder sicherlich eine besonders intensive Verbindung ein.**

Die Gärung beim Spätburgunder setzt nach einer bis zu vierwöchigen Kaltmazeration spontan ein und nach der Gärung bleibt der Wein über Monate hinweg auf der Maische, bevor er in Barriques gelegt wird, wo er dann nach 16 bis 20 Monaten der Reife zur Füllung aus den Fässern geholt wird.«

Spätburgunder »Holzfass« · Weingut Kopp · Birgit & Johannes Kopp · Ebenunger Straße 21 · 76547 Sinzheim-Ebenung · Tel. (0 72 21) 80 36 01 · www.weingut-kopp.de · info@weingut-kopp.de · Verkauf: Birgit Kopp & Albert Mirbach, Mo–Fr: 14.00–18.00 Uhr, Sa: 10.00–13.00 Uhr

Meyer-Näkel – Spätburgunder »all day long«

»Der Sauerstoff macht den Wein« ist eine wesentliche Erkenntnis des berühmten französischen Wissenschaftlers Louis Pasteur. Mit dieser wichtigen Erkenntnis wird hier in diesem qualitativ führenden und sympathischen Familienbetrieb seit jeher gearbeitet.

Auf dem Weingut Meyer-Näkel beherrscht man es seit gefühltem Menschengedenken, beim Spätburgunder die richtige Balance aus saftig-reifer Geschmeidigkeit und höchstem Anspruch zu finden. Jahr für Jahr bewegt sich der Betrieb mit den besten Weinen an der Spitze der deutschen Spätburgunder-Elite. Selbst hartnäckige Kritiker, die den zuweilen in der Jugend schon zugänglichen Stil kritisieren und an der Alterungsfähigkeit zweifeln, verstummen, wenn sie bestens gereifte Spätburgunder aus den Paradelagen Pfarrwingert und Kräuterberg verkosten. Dazu gehört sicherlich auch der für die 99-Besten-Selektion ausgesuchte Spätburgunder.

Bestes Eichenholz für Werner Näkels legendäre Spätburgunder

Werner Näkel: »Als fast einziges Rotweinanbaugebiet in einem typischen Schieferflusstal versuchen wir diese Typizität bei unseren Spätburgundern durch schonenden Ausbau zu erhalten. Geboren in einer Winzerfamilie im Ahrtal war Spätburgunder für mich ein lebenslanger, natürlicher Begleiter. Von daher war mein Bestreben von Anfang an, auch den deutschen, natürlich ganz speziell den Ahr-Burgundern mehr Aufmerksamkeit zu verschaffen. Nach Besuchen bei Kollegen im Burgund, begann meine Phase ›learning by doing‹, die wohl nie aufhört …!

Guter Spätburgunder ist für mich rote Eleganz in Reinform. Außerdem ist diese Rebsorte unglaublich vielfältig! Zum einen reagiert sie stark auf den Boden und das Mikroklima in dem sie gedeiht und bringt damit mannigfaltige, herrliche Terroirs hervor. Bei kühlem Wetter trinke ich Spätburgunder daher zu Bratengerichten und im Sommer auf der Terrasse, je nachdem wie er ausgebaut wurde. Man kommt mit Spätburgunder also einfach durch das ganze Jahr!«

Spätburgunder · Weingut Meyer-Näkel · Werner Näkel · Friedenstraße 15 · 53507 Dernau · Tel. (0 26 43) 16 28 · www.meyer-naekel.de · weingut@meyer-naekel.de · Verkauf: nach Vereinbarung

Familie Werner Näkel: guter Wein macht glücklich!

Becksteiner Winzer – Chardonnay vom Herrenberg

Orchideen, Schmetterlinge und Wein: eine glückliche Symbiose! Ein gesegneter Flecken Erde, schmeckbar gemacht, ganz im Sinne des fränkischen Schutzheiligen Kilian.

Rund um den Weinort Beckstein im mittleren Taubertal ist die Natur offensichtlich noch so intakt, dass hier eine große Orchideenvielfalt gedeiht und der deutschlandweit größte Artenreichtum an Schmetterlingen zu verzeichnen ist. Beste Grundvoraussetzungen also, um hier im Einklang mit der Natur besonders harmonische Weine entstehen zu lassen.

Grund genug für den jungen Chef der Becksteiner Winzer eine neue Qualitätsedition mit dem Frauenschuh als Symbol für die Orchideenvielfalt und einem Zitronenfalter als Vertreter der Schmetterlingswelt aufzulegen, um somit die hier besonders intakte Natur zu symbolisieren. Hier gedeihen – sorgsam gepflegt unter der Ägide des gesamten Becksteiner Führungsteams – in der Spitzenlage Gerlachsheimer Herrenberg besonders wertvolle Chardonnayreben für einen vom Ausbau im Eichenholz geprägten Wein der Selektionslinie »Kilian«.

Michael Braun: »Der Chardonnay ›Kilian‹ ist mittlerweile mein Lieblingswein zu allen kräftigen Speisen, bei denen bisher immer kräftige Rotweine angesagt waren. Egal ob Rehrücken, das ungarische Gulasch oder das medium gebratene Steak, der Chardonnay ist dabei. Alle Freunde, die dies erleben, waren bisher überrascht einen Weiß- statt Rotwein zu diesen Speisen zu genießen. Bei intensiven Gesprächen darf dieser Chardonnay sowieso nicht fehlen … leider ist die Flasche immer zu schnell leer – deshalb gibt es ihn ab sofort auch in der Magnumflasche. Dann fällt das Philosophieren eindeutig leichter und ich muss nicht ständig unterbrechen und so oft in den Keller laufen … und cooler ist die Flasche natürlich auch!«

Chardonnay »Kilian« Gerlachsheimer Herrenberg · Becksteiner Winzer eG · Geschäftsführender Vorstand: Michael Braun · Weinstraße 30 · 97922 Lauda-Königshofen · Tel. (0 93 43) 50 00 · www.becksteiner-winzer.de · info@becksteiner-winzer.de · Verkauf: Vinothek, Mo–Sa: 9.00–18.00 Uhr, So, feiertags: 10.00–16.00 Uhr

Hier sind Sie richtig:die neue Vinothek in der Becksteiner Weinstraße 30
Herzlich willkommen in der Becksteiner WeinWelt im Taubertal

Holger Koch –
Grauburgunder-Eleganz

Grauburgunder einmal ganz anders: Nicht breitschultrig und mit erschlagender Fülle, sondern mit großer Finesse und feinem Aromenspektrum.

Dieses von Holger Koch 1999 in Bickensohl gegründete Weingut ist inzwischen auf nahezu acht Hektar angewachsen und produziert unter seiner und Gabriele Engessers Leitung rund 50.000 Flaschen pro Jahr. Die Eltern Erna und Hubert Koch unterstützen auch heute noch mit umsichtiger Arbeit im Außenbetrieb, wo ein Teil der elterlichen Weinberge neu mit französischen Burgunderreben, die kleinbeerige und aromatische Trauben tragen, bepflanzt wurde. Holger Koch erzeugt Jahr für Jahr enorm elegante, alles andere als vordergründige Weine, also Langstreckenläufer mit zurückhaltender Aromatik und feinem Tanningerüst.

»Unsere Lieblingsvorstellungen zu unseren Burgundern sind, dass die Weintrinker anfangs unsere Weine eher unterschätzen, um am Ende zu bedauern, dass die Flasche leer ist, und dass die wirklichen Genießer von unseren Weinen eine Anregung, eine kleine Erinnerung mitnehmen, vielleicht irgendwann mal auch denken, da fällt mir doch dieser Wein wieder ein! Wenn also Freunde zusammensitzen, Familien ein Fest feiern und unsere Weine diesen Anlass anregend bereichern, dann ist dies im besten Wortsinne Ausdruck und Quelle von Lebenskultur und Lebensfreude!«

Ganz besonders gut gelingen hier immer wieder die Weiß- und Grauburgunder, die feingeschliffener am gesamten Kaiserstuhl kaum zu finden sind. Die Pinot Noirs, denen eine ganz besondere Zuneigung von Holger Koch zu gehören scheint, präsentieren sich in der Jugend vornehm zurückhaltend elegant und mit ungeheuerem Entwicklungspotenzial, allerdings bietet bereits die Basisqualität ganz großen Genuss!

»Unser Leitbild ist: Kraft und Lebendigkeit zusammen in einem Wein. Die Kraft als zurückgenommene, aber im Mund langanhaltende Substanz und die Lebendigkeit als anregende, vielfältige und feingliedrige Frische.«

Grauburgunder Bickensohler Herrenstück · Weingut Holger Koch · Holger Koch & Gabriele Engesser · Mannwerk 4 (Neubau) · 79235 Bickensohl · Tel. (0 76 62) 91 22 58 · www.weingut-holger-koch.de · hk@weingut-holger-koch.de · Verkauf: nach Vereinbarung

Der Kaiserstühler Weinort Bickensohl mit dem Herrenstück von Holger Koch
Familie Holger Koch: freudiger Blick in die Zukunft

Johannes Leitz mit der ganzen Magie seiner
Rheingauer Steillage mit Schlossruine Ehrenfels beim Binger Loch

Johannes Leitz – Riesling »Magic Mountain«

Johannes Leitz: »Der ›Magic Mountain‹ zeigt sich dem geneigten Hörer klassischer Rockmusik gerne bei Songs wie ›You shook me all night long‹ von AC/DC, oder aber auch zu Alben von Jimmy Cliff – ganz entspannt und meditativ.«

Jahr für Jahr begeistert Johannes Leitz, dieses original Rüdesheimer Gewächs, seine Fans mit brillanten Rieslingen aus seinen Rüdesheimer Toplagen. Inzwischen ist er bei einer stattlichen Betriebsfläche von 43 Hektar angelangt. Dabei war sein Weg in die Spitze kein einfacher. Denn er begann Ende der 1990er-Jahre, als noch keineswegs gesichert war, dass der Riesling auf die Weltbühne des Weines zurückkehrt, in die Ausweitung seines damals gerade einmal 5,5 Hektar großen Gutes zu investieren. Und das in einer Zeit, wo er in Deutschland noch kaum bekannt war, weswegen er seit Langem sein Augenmerk auf die Exportmärkte richtet, die heute noch mit 85 Prozent den Löwenanteil seines Verkaufs ausmachen.

Der »Magic Mountain«, ursprünglich als Erstfüllung »Zauberberg« genannt, ist die Mostcuvée aus seinen vier Großen Lagen im Rüdesheimer Berg.

Johannes Leitz: »Als ich im Hitzesommer 2003 mit einem guten Freund aus England eine Tour durch die Weinberge machte und wir nicht glauben konnten, dass überhaupt ein Tropfen Wasser den Reben zum Gedeihen zur Verfügung stehen würde, da wurden wir in den steilen Lagen wahrlich eines besseren belehrt. Die alten Reben hatten sich perfekt an die Steigung und an das heiße Klima angepasst, konnten also selbst in solch widrigen Situationen für den Nachwuchs sorgen. Deshalb reden wir nur noch vom ›Zauberberg‹, oder eben von ›the magic of the mountains‹. Ich kombiniere den ›Magic Mountain‹ gerne zu Sushi und Sashimi-Variationen, aber auch gerne zu gerilltem Fisch und Gemüse. In gereifter Variante kann er aber auch schon mit einem Hauptgang gereicht werden, da kommt die Magie der Berge erst recht in Bewegung.«

Rüdesheimer Riesling »Magic Mountain« · Weingut Leitz · Johannes Leitz · Theodor-Heuss-Straße 5 · 65385 Rüdesheim · (Kellerei mit Probierraum: Rüdesheimer Straße 8 a · 65366 Geisenheim) · Tel. (0 67 22) 4 87 11 · www.leitz-wein.de · johannes.leitz@leitz-wein.de · Verkauf: Jan Schmidt, Mo–Fr: 8:00–17:00 Uhr

Geballte Burgunder-Kompetenz: Thomas & Regina Rinker im Weingut Knab
Eine der besten Burgunderlagen Badens: der Endinger Engelsberg am Rand des Kaiserstuhls

Weingut Knab – Weißburgunder vom Engelsberg

Die mit drei Sternen ausgezeichneten, trocken ausgebauten Spätlesen vom Endinger Engelsberg gehören zum Besten was Deutschland an weißen Burgundern zu bieten hat!

Das große Reifepotenzial der Topweine dieses Paradebetriebes ist überaus hoch und selbstredend Programm. Thomas und Regina Rinker übernahmen Mitte der 1990er-Jahre das Weingut Knab. Und bereits nach wenigen Jahren konnten sie mit ihrer konsequenten Qualitätsphilosophie große Erfolge feiern. Die Burgunderweißweine sind hier immer von einer großen Intensität. Die Rotweine beweisen den kraftvollen Ausdruck der Endinger Lagen am östlichen Rand des Kaiserstuhls. Die mit drei Sternen versehenen trockenen Spätlesen vom Weiß- und Grauburgunder präsentieren sich bereits im jugendlichen Stadium fein balanciert und ausdrucksstark und gehören Jahr für Jahr wieder zu den allerbesten ihrer Art nicht nur am sonnenverwöhnten Kaiserstuhl, sondern durchaus in ganz Deutschland!

▶ **Ein ganzer Meerfisch schonend in der Salzkruste gegart, ohne Sauce, sondern zum Schluss puristisch mit etwas Zitrone und Olivenöl aromatisiert, dazu dieser Weißburgunder, ein Hochgenuss!**

»Ein Weingut wie unseres, ein Familienunternehmen, ist sicherlich über die Berufsausübung hinaus eine Lebensform, die uns ganz fordert, unsere fachlichen Kenntnisse, unsere menschlichen und genießerischen, unsere unternehmerischen Fähigkeiten, auch unsere Hingabe und Leidenschaft für unsere Weine, unsere Weinberge, unsere Region. Und außerdem sind wir auch noch eine Familie …!« So ist auch der aktuelle Einstieg von Johannes, dem mittleren Sohn, nach Praktika in Neuseeland, im Trentino, in Graubünden und seinem Studium in Geisenheim ein weiterer Meilenstein in der Entwicklungsgeschichte dieses Familienweingutes, welches sicherlich auch weiterhin auf handwerkliche Traditionen setzen, aber selbstverständlich auch Neuerungen offen gegenüberstehen wird.

Endinger Engelsberg Weißburgunder Spätlese trocken · Weingut Knab · Thomas & Regina Rinker · Hennengärtle 1 a · 79346 Endingen · Tel. (0 76 42) 61 55 · www.knabweingut.de · knabweingut@t-online.de · Verkauf: Familie Rinker, Mo–Fr: 17.00–18.30 Uhr, Sa: 10.00–14.00 Uhr

68

Weingut Kühling-Gillot – Riesling »Qvinterra«

»Liquid Life«, hier ist der Name Programm und am besten vor Ort in der hauseigenen Vinothek zu erleben!

Dieses nach ökologischer Wirtschaftsweise arbeitende Vorzeigeweingut lebt den Wein und zwar von Grund auf. Lichtjahre entfernt vom bloßen Mainstream wird hier auf höchst genussvolle Art und Weise authentische Weinkultur vom Feinsten geboten. Diese veritable Kultur zeigt sich nicht nur daran, dass bereits die feine Qvinterra-Linie weiße Alltagsweine von luxuriöser Qualität bietet, sondern dass man in der ungemein stilvollen Vinothek aktuell eine innovative, ganz neue Art der Weinkommunikation mit dem Konzept »Liquid Life« inszeniert. Der absolute Clou hierbei ist, dass Topsommeliers von inter-

Sanfte Weinberge auf der Rheinterrasse

nationalem Ruf als temporäre Gastgeber den Gästen den Wein mit ihrer jeweils ganz individuellen Zugangsweise näherbringen. Dazu gibt es bodenständige Leckereien wie den »Return of Sonntagsbraten«, also locker, unverkrampft und lässig. »Liquid Life« heißt für alle Weingenießer einfach ausprobieren und staunen. Vor allem haben es das Winzerpaar Carolin Spanier-Gillot und Hans Oliver Spanier geschafft, den Weinen bei ihrer eigenständigen Kraft und Würze gefühlt rassige Kühle mit auf den Weg zu geben und vor allem Saft, Saft, Saft. Die Weißen haben bei moderatem Alkoholgehalt eine puristische Klarheit, die schon in den Ortsweinen zu spüren ist.

Carolin Spanier-Gillot: »Der Qvinterra Riesling vereint alles, was wir sind, wie wir denken und arbeiten. Dieser Wein ist unsere flüssige Visitenkarte. Der selbstredend trocken ausgebaute Qvinterra Riesling zeigt Herkunft, hat Charakter, aber am Wichtigsten – er macht Lust auf mehr!«

Qvinterra Riesling trocken · Weingut Kühling-Gillot · Carolin Spanier-Gillot & H.O. Spanier · Ölmühlstraße 25 · 55294 Bodenheim · Tel. (0 61 35) 23 33 · www.kuehling-gillot.de · info@kuehling-gillot.de · Verkauf: Frank Schuber, Mo–Fr: 9.00–12.00 Uhr & 14.00–17.00 Uhr, Sa: 10.00–14.00 Uhr und nach Vereinbarung

Der Boden macht den Wein

Hans-Peter Wöhrwag –
Herzogenberg-Muskateller

»Ein tiefer Schluck aus der schwäbischen Seele!« – internationaler Blickwinkel mit Bodenhaftung.

Der Untertürkheimer Herzogenberg ist die schöne, im Alleinbesitz befindliche »Monopollage« des Weingutes von Hans-Peter und Christin Wöhrwag. Der beeindruckende 40 Prozent geneigte Südhang wird durch seine mit Gipsgestein durchzogenen Keuperböden geprägt und befindet sich zwischen Untertürkheim und Bad Cannstatt. Der würzig blumige Duft dieses prachtvollen Muskatellers erinnert an die aromatische Vielfalt eines ganzen orientalischen Marktes. Am Gaumen schmeichelt er mit seiner angenehmen Fülle und dem harmonischen Säurespiel und wirkt damit äußerst appetitanregend. Der Muskateller gehört mit seinen vielen unterschiedlichst gefärbten Spielarten zu den ältesten Rebsorten in der viele tausend Jahre alten Kulturgeschichte des Weines und wurde mit an Sicherheit grenzender Wahrscheinlichkeit schon in den damaligen Ursprungsgebieten an Euphrat und Tigris an- und ausgebaut.

▶ **Ganz ideal zu asiatisch inspirierten Gerichten, aber auch als Alternative zum Aperitif statt Champagner und Sekt.**

Hans-Peter Wöhrwag: »Unsere Familie ist mit der Region und ihren Weinen verbunden. Ein tiefer Schluck aus der schwäbischen Seele ist unser Leitspruch. Trockene Weine zu erzeugen, die den Jahrgang und die Lage widerspiegeln, ist unser Bestreben. Nachhaltigkeit und sensibler Umgang mit der Natur ist die Basis für individuelle Weine. Wir suchen den direkten Kontakt zu unseren Kunden, um unsere Weine und unsere Idee den Weinfreunden näherzubringen.«

Die Wöhrwags kennen sich in der Welt der Weine so gut aus wie kaum ein zweites Winzerehepaar in Deutschland und dieser Reichtum an internationalen Erfahrungen prägt selbstverständlich auch den hier so souveränen Umgang mit diesem Kulturgut Wein, was vor allem die vielen Besucher dieses hochsympathischen Weingutes zu schätzen wissen!

Untertürkheimer Herzogenberg Muskateller trocken · Weingut Wöhrwag ·
Hans-Peter Wöhrwag · Grunbacher Straße 5 · 70327 Untertürkheim · Tel. (07 11) 33 16 62 ·
www.woehrwag.de · info@woehrwag.de · Verkauf: Christin Wöhrwag, Stefanie Eisele,
Mo–Fr: 8.00–12.30 Uhr & 14.00–18.30 Uhr, Sa: 9.00–14.00 Uhr

Hans-Peter Wöhrwag: »Unsere Familie ist mit der Region und ihren Weinen verbunden.«

Günther Steinmetz –
Riesling zeitlos

Schon die Basisweine sind in diesem zehn Hektar großen Brauneberger Weingut von Edith und Günther Steinmetz ausnahmslos ehrlich und klar, manchmal kernig.

»Wir fühlen uns dem naturnahen Weinbau verpflichtet. Denn große Weine können nur im Weinberg in Einklang mit der Natur entstehen. Wir arbeiten im Keller unter Verzicht auf alle Zusatzstoffe. Wir denken, dass durch den Einsatz von Hilfsmitteln bei der Vinifizierung uniformierte und industrialisierte Massenweine entstehen, die der Einzigartigkeit unserer Region entgegenwirken. Wir denken, dass große Weine von der Mosel Zeit brauchen. Ihr Reifepotential und ihre Langlebigkeit besitzen Weltruf. Dies war in der Vergangenheit so und soll auch in Zukunft so bleiben. Und dafür arbeiten wir.«

Kestener Paulinshofberger Riesling Kabinett trocken · Weingut Günther Steinmetz · Stefan & Edith Steinmetz · Moselweinstraße 154 · 54472 Brauneberg · Tel. (0 65 34) 7 51 · www.weingut-guenther-steinmetz.de · info@weingut-guenther-steinmetz.de · Verkauf: Edith Steinmetz, nach Vereinbarung

Weinbau mit Tradition: römische Kelteranlage in Brauneberg

Hanspeter Ziereisen – Spätburgunder alemannisch

Grandioser Rotwein vom Winzer, der am liebsten im Holzfass schlafen würde – ganz so wie Diogenes laut der bekannten Anekdote!

Edeltraud und Hanspeter Ziereisens Reben stehen im Efringer Ölberg. Doch diese Lage in der sogenannten »Baseler Bucht« taucht nicht auf den Etiketten auf. Stattdessen verwendet der Winzer alte Gewannbezeichnungen. Im großzügig neugebauten, außerhalb der Ortschaft gelegenen Keller werden die Weine quasi sich selbst überlassen, denn das Ernteresultat soll möglichst unverfälscht in die Flasche gebracht werden. Und so werden aus den Weintrauben der unterschiedlichen Gewannen kleine und große Persönlichkeiten, die sich aber erst einmal mit viel Zeit und Ruhe hier im Gewölbekeller zur vollendeten Genussreife entwickeln dürfen.

Hanspeter Ziereisen: »Wir tun das Alte auf eine neue Weise, denn wir ›machen‹ keinen Wein, sondern wir begleiten ihn. Mit so viel moderner Wissenschaft wie nötig und so viel Bauchgefühl und Erfahrung wie möglich. Wir lieben und wir wollen markante Weinpersönlichkeiten. Persönlichkeit kommt aus dem Weinberg, deshalb liegt der Fokus unserer Arbeit in den Reben.

▶ **Diese Weine »zieren« jeden Tisch, ob zuhause, in der alemannischen Winstub, oder im New Yorker Szenelokal.**

Damit unsere Weine anschließend ihren ganz eigenen Charakter entfalten können, behandeln wir sie schonend, geben ihnen viel Zeit und manipulieren sie so wenig wie möglich.«

Der gelernte Tischler hat eine ganz besonders große Liebe zu alten Holzfässern, die er aufwändig restauriert, in sich entdeckt. »Früher hat man für ein hundert Jahre altes Fass zwei neue bekommen. Die Qualität von diesem alten, weingetränkten Holz ist einfach unbezahlbar. Wenn ich ein solches Fass wieder ein wenig abgeschliffen und insgesamt renoviert habe, würde ich am liebsten mich gleich hineinlegen und darin schlafen, so gut riecht das!«

Tschuppen Spätburgunder · Weingut Ziereisen · Hanspeter Ziereisen · Markgrafenstraße 17 · 79588 Efringen-Kirchen · Tel. (0 76 28) 28 48 · www.ziereisen.de · kontakt@ziereisen.de · Verkauf: Edeltraud Ziereisen, Do–Fr: 8.00–12.30 Uhr & 14.00–18.00 Uhr, Sa: 8.00–12.30 Uhr & 14.00–16.00 Uhr, nach telefonischer Vereinbarung täglich möglich

Arne & Martin Bercher –
Weißburgunder vom Vulkan

Das nur in dieser Lage vorkommende Limburgit bringt helle, salzige Mineralität. Saftig und opulent mit strukturierter Länge, eingefangen und gebändigt durch das große Holzfass. – »Unser Ziel: Bodengeprägte, handwerkliche Weine aus vulkanischen Lagen, die ihre Kaiserstühler Herkunft widerspiegeln.«

1756 erbaute Franz-Michael Bercher in der Mitte dieses idyllischen Weinortes das Gutshaus, welches seither durchgehend im Familienbesitz und bis heute der Sitz des Bercher'schen Weinguts ist. Heute hat der junge Familienvater Arne Bercher den Fokus auf der Kellerarbeit und Martin Bercher ist für die Kultivierung der Reben verantwortlich. Gemeinsam leiten sie diesen renommierten Traditionsbetrieb nach dem Motto von Eckhardt Bercher: Wein ist Arbeit, Wahrheit, Weisheit.

Sasbacher Limburg Weißburgunder · Weingut Bercher · Arne & Martin Bercher · Mittelstadt 13 · 79235 Vogtsburg-Burkheim · Tel. (0 76 62) 2 12 · www.weingutbercher.de · info@weingutbercher.de · Verkauf: Familien Bercher, Mo–Sa: 9.00–11.30 Uhr & 13.30–17.00 Uhr

Blaue Stunde auf dem erloschenen Kaiserstühler Vulkan

Martin & Arne Bercher, ein eingespieltes Duo
Hier sind Sie richtig: Berchers Probierstube im Zentrum des mittelalterlichen Burkheims

73

Weingut Konstanzer – Pinot Noir aus dem Winklerberg

Horst und Petra Konstanzer haben 1983 mit weniger als einem Hektar im Nebenerwerb begonnen und das Weingut auf heute zehn stattliche Hektar erweitert. Rund 60 Prozent der gesamten Rebfläche wird ökologisch bewirtschaftet, klug konzentriert man sich hier auf den Anbau der klassischen Burgundersorten. Die gesamte Kollektion ist immer absolut konsequent trocken ausgebaut und beeindruckt mit ungeschminkt ausdrucksstarken, voll und ganz in sich ruhenden Weinen. Horst Konstanzer: »Die Natur bestimmt unsere Gedanken und Arbeitsweise im Weinberg. Jedes neue Jahr bringt eine andere Vegetation und einen anderen Witterungsverlauf. Diese Herausforderung ist jedes Jahr der neue Anreiz für mich einen jahrgangstypischen Wein aus den einzelnen Weinbergen zu erzeugen. Wenn wir bei einer Weinprobe dann auch die Genießer begeistern können, ist alles perfekt.«

Ihringer Winklerberg Pinot Noir Holzfass · Weingut Konstanzer · Horst & Petra Konstanzer · Quellenstraße 22 · 79241 Ihringen · Tel. (0 76 68) 55 37 · www.weingut-konstanzer.de · info@weingut-konstanzer.de · Verkauf: Horst & Petra Konstanzer, Mo–Fr: 17.00–19.00 Uhr (März–Okt.), Mo–Fr: 16.00–18.00 Uhr (Nov.–Feb.), Sa: 10.00–17.00 Uhr und nach Vereinbarung

Vertraut auf die Kraft der besten Ihringer Lagen: Horst Konstanzer

Was hier zu sehen ist, nennt sich Gärröhrchen. Gärgas kann daraus entweichen. Sauerstoff gelangt aber nicht ins Fass. – Überwältigende Vielfalt von feinen Spätburgundern bei Konstanzers

74

Weingut Burggarten –
Spätburgunder mit Signatur

Das Weingut Burggarten ist ein beeindruckender Familienbetrieb (»Wein ist unser Leben«), in dem es keinen Stillstand gibt. Nachdem das Portfolio der Rebsorten nun weiter auf Spätburgunder ausgerichtet wurde, hat man es nicht versäumt, die Ausbaukapazitäten im Keller aufzustocken, um auch weiterhin den Lesezeitpunkt nach optimalem Reifegrad und nicht nach pragmatischen Gründen ausrichten zu müssen. Wer mit dem rührigen Senior Paul-Josef Schäfer einen Rundgang durch das vom Feinsten ausgestattete Weingut und das schmucke Hotel macht, spürt den Stolz, den sich dieser tüchtige Unternehmer durchaus leisten kann. Paul-Josef Schäfer und seine drei Söhne können mit Wohlgefallen auf die Ergebnisse ihrer Arbeit sehen. Kaum ein anderes Weingut an der Ahr hat diese Stimmigkeit und ein so durchweg hohes Qualitätsniveau!

Spätburgunder »Signatur« Silberkapsel · Weingut Burggarten · Paul-Josef Schäfer · Landskroner Straße 61 · 53474 Heppingen · Tel. (0 26 41) 2 12 80 · www.weingut-burggarten.de · burggarten@t-online.de · Verkauf: Paul-Josef, Gitta & Katrin Schäfer · Mo–Fr: 10.00–12.00 Uhr & 13.00–18.00 Uhr, Sa–So: 10.00–13.00 Uhr

Herzlich willkommen im Weingut Burggarten in Heppingen an der Ahr!

Paul Schäfer junior: The next generation!

Maximin Grünhäuser: beste Lagen an der Ruwer

Carl-Ferdinand v. Schubert –
Riesling für die Ewigkeit

Weine fürs Leben: »Ein richtig guter Riesling kann einen ein Leben lang begleiten. Kabinettweine können 50 Jahre und mehr Freude bereiten!«

Die Maximin Grünhaus Schlosskellerei liegt am Fuße eines steilen Süd-hanges auf der linken Seite der Ruwer, etwa zwei Kilometer vor deren Mün-dung in die Mosel. Es ist ein einzigartiges Anwesen auf dem Lande, wie es schöner nicht sein könnte. Mit großer Hingabe pflegt Dr. Carl-Ferdinand von Schubert diesen jahrhundertealten Familienbesitz. In den rund 30 Hektar gro-ßen Rebbergen werden Weine angebaut, die zu den eigenständigsten und besten deutschen Rieslingerzeugnissen gehören.

Carl-Ferdinand von Schubert: »Ein guter Wein ist wie ein Gespräch mit einem guten Freund: Man kann sich einen ganzen, langen Abend mit ihm beschäftigen und am nächsten Tag gibt es noch viele Nuancen, die man noch gar nicht entdeckt hat und die einen faszinieren.«

Da die Grünhäuser Kellerei nur einen Steinwurf von der in sich geschlos-senen Weinbergsanlage entfernt liegt, gelangen die geernteten Trauben bin-nen weniger Minuten auf die Presse, wo sie unter der Ägide des für Weinbau und Keller verantwortlichen Stefan Kraml bestens weiterverarbeitet werden.

»Grünhäuser Weine sollen Persönlichkeiten sein, die man sofort erkennt, mit denen man sich auseinandersetzen kann und die man gerne auf eine lange Reise durch die Zeit mitnimmt. Dazu braucht es Persönlichkeit, ein un-verwechselbares Profil, Tiefgründigkeit, Struktur und eine kristalline Klarheit.« Was die Erzeugung der Weine betrifft, gilt hier in erster Linie: kleine Erträge, viel Laubarbeiten, umsichtiges Bodenmanagement und natürlich sorgfältigte Traubenlese. Im Keller soll die gewonnene Qualität bewahrt werden: So viel Behandlung wie nötig – so wenig wie möglich. Auf diese Weise sollen Weine erzeugt werden, die viel Charakter haben, große Freude bereiten und sich vor allem lange entwickeln, lange leben.

Maximin Grünhäuser Herrenberg Riesling trocken »Alte Reben« · Weingut Maximin Grünhauser · Maximin von Schubert · Maximin Grünhaus 1 · 54318 Mertesdorf · Tel. (06 51) 51 11 · www.vonSchubert.de · verwaltung@vonSchubert.de · Verkauf: Familie von Schubert, Mo–Fr: 8.00–17.00 Uhr, Sa: 8.00–12.00 Uhr und nach Vereinbarung

Bernhard Koch – Chardon- nay, von wegen ABC

Die despektierliche vor allem von mit Eichenholz überladenen und gleichzeitig süßen kalifornischen Chardonnays provozierte Abwehrformel »ABC«, »anything but Chardonnay« wäre hier absolut fehl am Platze, denn was Bernhard Koch aus dieser burgundischen Rebe erzeugt hat allerhöchstes Niveau und ist weit entfernt von jedweder Belanglosigkeit:»Gerne habe ich die Chardonnay Reserve abends bei einem guten Buch, aber am allerliebsten genieße ich den Wein in einer gemütlichen Runde, mit den richtigen Menschen. Dazu das passende Essen, das alles wertet das Ganze noch auf!«

Hainfelder Letten Chardonnay Reserve · Weingut Bernhard Koch · Bernhard Koch · Weinstraße 1 · 76835 Hainfeld · Tel. (0 63 23) 27 28 · www.weingut-bernhard-koch.de · info@weingut-bernhard-koch.de · Verkauf: Christine Koch, Mo–Fr: 10.00–12.00 Uhr & 13.00–18.00 Uhr, Sa: 10.00–12.00 Uhr & 13.00–17.00 Uhr, So: 13.00–19.00 Uhr (im Pavillon)

Allerbeste Voraussetzungen für große Weine: heile Welt in der Pfalz

Konrad Schlör – Pinot Rosé Brut, und das Fest beginnt

Konrad und Monika Schlör führen dieses VDP-Weingut mit allergrößter Passion und viel Umsicht. Was dieser Familienbetrieb beim meist unterschätzten Schwarzriesling erreicht, sucht deutschlandweit seinesgleichen. Denn nirgendwo sonst wird dieser alten Rebsorte, in der Champagne als Pinot Meunier hochgeschätzt und teuer bezahlt, so viel Aufmerksamkeit und Liebe zuteil wie hier.

Konrad Schlör: »Zum Empfang für nette Gäste oder zu einer Feier ein Glas von diesem Pinot Brut, dann kann das Fest nur gut werden, auch zu frischen Erdbeeren ist er ein Gedicht. Braucht man da noch einen Champagner? Ich glaube nicht!«

Pinot Rosé Brut · Weingut Konrad Schlör · Konrad Schlör · Martin-Schlör-Straße 22 · 97877 Wertheim-Reicholzheim · Tel. (0 93 42) 49 76 · www.weingut-schloer.de · info@weingut-schloer.de · Verkauf: Familie Schlör, nach Vereinbarung

Herzlich willkommen bei Monika & Konrad Schlör in Reicholzheim im Taubertal

Die konsequente Fortsetzung der Kaiserstühler Weinbergs-Terrassen:
Das neue Weingut von Fritz Keller – großzügige Gastlichkeit inmitten des Keller'schen Weinkellers

Franz Keller – Grauburgun-
der-Solo auf der Bassgeige

Fritz Keller ist ein Multitalent: profilierter Spitzenwinzer, erfolgreicher Bundesliga-Club-Präsident und Sterne-Gastronom!

Fritz Keller: »Unsere ›Erste Lage‹, die Oberbergener Bassgeige ist ein echter Solist im Kaiserstuhl. Eine einzigartige Lage, die weit über Baden hinaus bekannt ist. Unsere Rebhänge sind vorwiegend nach Süden, Südwesten und Westen ausgerichtet. Das Terroir aus überwiegend Löss auf Vulkangestein gibt den Weinen ihren einzigartigen Charakter. Hier bauen wir Chardonnay, Grau-, Weiß- und Spätburgunder an.«

Der neue Weinkeller und damit die dritte Keller'sche Weingastronomie in Oberbergen, die Kellerwirtschaft, ist eine veritable badische Genusspilgerstätte. Fritz Keller, spürbar von Sohn Friedrich unterstützt, setzt seit jeher auf Langlebigkeit und klare, eigene Handschrift. Das traditionsreiche Weingut, malerisch im kleinen Oberbergen – eigentlich nicht mehr als ein winziger Punkt auf der Landkarte des Kaiserstuhls – ist seit vielen Jahren ein Synonym für Weine, die als ausgezeichnete Botschafter der Weinkultur Badens internationale Anerkennung genießen.

Fritz Keller: »1990 habe ich das Weingut von meinem Vater übernommen, damit ist es bereits in dritter Generation in der Hand unserer Familie. Wir lieben durchgegorene Weine und stehen sowohl für leichte, frische und fruchtige als auch für komplexe, mineralische und gehaltvolle Weine. Das Terroir, die Herkunft und der Charakter eines Weines müssen zu schmecken sein, dazu gehört ein kompromissloses und konsequentes Qualitätsbewusstsein, das schon im Weinberg einsetzt. In unserem neuen Weingut ist es möglich, noch zielgerichteter zu arbeiten. Auf die Folgen des ›global warming‹ – erschwerte Erntebedingungen durch häufigere Wetterextreme – können wir nun besser reagieren. Die Trauben können schnell und unter besten Voraussetzungen verarbeitet werden, wobei auch Kleinstparzellen individuell ausgebaut werden können.«

Oberberger Bassgeige Grauburgunder, trocken »Erste Lage« · Weingut Franz Keller · Fritz Keller · Badbergstraße 44 · 79235 Vogtsburg-Oberbergen · Tel. (0 76 62) 9 33 00 · www.franz-keller.de · keller@franz-keller.de · Verkauf: März–Okt., Mo–Fr: 9.00–18.00 Uhr, Sa: 10.00–18.00 Uhr, So: 10.00–16.00 Uhr

Tim Fröhlich: jeder Wein ein Volltreffer!

Weingut Schäfer-Fröhlich –
Riesling vom Vulkangestein

»Kein anderer Weißwein außer dem Riesling ist in der Lage, seine Herkunft im Wein so deutlich widerzuspiegeln, weshalb wir 85 Prozent unserer Weinberge mit Riesling bepflanzt haben.«

Für viele Weinfreunde ist dieses Weingut die Nummer eins der Region, denn man kann Schäfer-Fröhlich Attribute zuschreiben, wie sie nur Weltklassegütern zustehen: Schwache Jahrgänge gibt es hier nicht, hier kann man jede Flasche blind kaufen. Und vielleicht noch wichtiger: Selbst eher »einfache« Tropfen entwickeln sich bestens, zeigen oft nach zehn und mehr Jahren eine Frische, wie sie in anderen Betrieben die Jungweine nur allzu gerne hätten. – »Die Grundlagen unserer Weine sind deren Herkunft. Wir legen einen hohen Wert auf den Herkunftscharakter, weshalb wir die Weine im Mittelsegment zwar nicht mit Lagennamen benennen, aber uns auf die Herkunft im Sinne des Terroirs berufen. Hinsichtlich des Vulkangesteins vereinen wir zwei Lagen mit dem gleichen Boden: dem Porphyr. Wir vereinen hierbei unsere beiden wichtigsten Herkunftsorte, nämlich Bockenau und damit unsere GG-Lage Stromberg sowie mit Schlossböckelheim unsere GG-Lage Felsenberg.« – Tim Fröhlich beherrscht das Spiel mit den natürlich »wilden«, also nie völlig zu kontrollierenden, Hefen wie kein anderer. Sicher hilft ihm das Vertrauen in seine Weinberge und deren penible Bearbeitung. Fröhlichs Gewächsen merkt man die aufwendige Arbeit nicht an. Sie wirken trotz all ihrer Brillanz unangestrengt. Tim Fröhlich hatte das Zeug zum Fußballprofi, bis ihn eine Verletzung aus dem Rennen warf. Die Disziplin eines Profisportlers bildet heute das Fundament für seinen Erfolg. Ab dem Gutswein aufwärts wird ausschließlich mit der sogenannten Spontanvergärung oder selbst selektierten wilden Hefen gearbeitet . »Gesundes Lesegut, absolute Sauberkeit und exaktes Arbeiten sind Pflicht, will man mit diesen Hefen klare Aromen erhalten«, weiß Tim Fröhlich. Dies gelingt verblüffend gut, wobei seinen Weinen vor dem Genuss ein wenig Luft gut tut, damit die Aromen sich entfalten.

Riesling »Vulkangestein« trocken · Weingut Schäfer-Fröhlich · Hans, Karin & Tim Fröhlich · Schulstraße 6 · 55595 Bockenau · Tel. (0 67 58) 65 21 · www.weingut-schaefer-froehlich.de · info@weingut-schaefer-froehlich.de · Verkauf: Karin Fröhlich, Meike Peter & Mats Genheimer, nach Vereinbarung

Mediterranes Klima auf den imposanten Neckar-Terrassen
Christian Dautel: Weinbau mit Weitblick

Christian Dautel – Weiß- burgunder vom Gipskeuper

Ein Weißburgunder mit großer, internationaler Klasse als perfekter Essensbegleiter.

Das nahe dem Neckar-Flusslauf mit seinen imposanten Trockensteinmauer-Terrassen im württembergischen Bönnigheim gelegene Weingut von Ernst und Christian Dautel hat sich längst ganz oben in der Württemberger Weinspitze etabliert. Lebhaft und von subtiler Pikanz ist der für diese 99-Besten-Selektion vorgestellte Weißburgunder vom Gipskeuper. Dautels Sortiment an weißen Burgundern ist unverkennbar vom Burgund inspiriert und stellt beständig die besten Weine dieser Sorten in Württemberg, vielleicht auch in ganz Deutschland. Schon Vater Ernst Dautel überzeugte bereits in den 1990er-Jahren mit ganz besonders subtil ausgebauten weißen Burgundern, ihm gelang es, wohl als überhaupt allererstem deutschen Winzer, diese ganz gewisse Balance zwischen appetitanregender Finesse und geschmacklich dienendem Eichenholzeinsatz zu finden, um beispielsweise einen Chardonnay mit einem Gericht mit Flusskrebsen sowohl zurückhaltend fein, aber dennoch geschmacklich ideal auf Augenhöhe zu verbinden.

Christian Dautel: »Unser Ziel ist es, elegante und komplexe Weine zu keltern, die Spaß machen getrunken zu werden. Am Ende des Abends sollte nicht das Glas, nicht die Flasche, sondern am besten die Weinkiste leer sein! Aktionismus im Weinberg und kontrolliertes Nichtstun im Weinkeller, ist unser Credo. Das Spannende im Weinbau ist, dass jeder Jahrgang anders ist und neu verstanden und auch richtig interpretiert werden muss!«

▶ **Dieser Weißburgunder ist die ideale Begleitung für die so angesagte, finessenreiche Mittelmeerküche!**

Der für diese 99-Besten-Selektion ausgewählte Weißburgunder vom Gipskeuper hat viel Spannkraft bei einem vergleichsweise sehr dezenten Auftritt, der den gekonnten Holzeinsatz überhaupt nicht spüren lässt, Schmelz und Eleganz in Reinkultur!

Bönnigheimer Weißburgunder »Gipskeuper« · Weingut Dautel · Christian Dautel · Lauerweg 55 · 74357 Bönnigheim · Tel. (0 71 43) 87 03 26 · www.weingut-dautel.de · info@weingut-dautel.de · Verkauf: Familie Dautel, Mo–Fr: 10.00–12.00 Uhr & 14.00–18.00 Uhr, Sa: 10.00–16.00 Uhr

Michael Gutzler – Rotwein-Komposition

Harmonie und Sanftheit im Geschmack, die beste Voraussetzung für ein inspirierendes Candle-Light-Dinner.

Christine und Michael Gutzler tragen die Verantwortung für das Weingut in Gundheim im Wonnegau, einem kleinen Ort im Süden Rheinhessens. Konsequent haben sie weiter am Rotweinstil gefeilt, denn die aktuellen Jahrgänge haben weniger neues Holz, auch sind die Fässer größer geworden. »Seit Generationen sind wir tief verbunden mit dem Ort, der Landschaft und natürlich auch den kalkreichen Böden, die so wichtig sind für den Wein, den wir machen. Weine, die natürlich nicht nur den Boden widerspiegeln, auf dem sie wachsen, sondern auch uns selbst. Bodenständig und traditionell, aber auch modern und weltoffen. Charakterstark, mit Ecken und Kanten statt beliebiger Gefälligkeit. Natürlich und kraftvoll, ohne dick aufzutragen.«

▶ **Diese ausdrucksstarke und gleichzeitig sanfte Rotwein-Komposition ist wie prädestiniert für ein (dann sicher gutes Gespräch) mit den Schwiegereltern.**

Rotwein-Cuvée »R« GS Barrique · Weingut Gutzler · Gerhard & Michael Gutzler · Roßgasse 19 · 67599 Gundheim · Tel. (0 62 44) 90 52 21 · www.gutzler.de · info@gutzler.de · Verkauf: Familie Gutzler, nach Vereinbarung

Im Wein-Dialog: Michael & Christine Gutzler

Echtes Weingärtner-Handwerk: Bodenauflockerung zwischen den Reben

Konrad Salwey –
Der Burgunder-Flüsterer

Konrad Salwey, der Burgunder-Flüsterer: »Ein Genußwein für spezielle Momente und ganz einfach zum Wohlfühlen.«

Hinter der hauseigenen Selektionsreihe »RS«, der sogenannten »Reserve Salwey«, steht selbstredend auch die persönliche Einschätzung »richtig saugut«, wie der unvergessene Senior Wolf Dieter schmunzelnd zu sagen pflegte. Es handelt sich hierbei Jahr für Jahr um die klassischen Burgundersorten in Spätlesequalität, immer trocken und immer aus den gutseigenen Spitzenlagen mit altem Rebbestand. Der hier vorgestellte Grauburgunder »RS« wird im großen Holzfaß (80 Prozent) und im Barrique (20 Prozent) ausgebaut, ist äußerst vielschichtig mit ausgewogener Säurestruktur, vollmundig am Gaumen und ein ganz wunderbarer Essensbegleiter.

Konrad Salwey, der junge Winzer, versteht sich weniger als Weinmacher, vielmehr eher als Weinbegleiter, der im Weinberg absolut auf die einzelnen Lagen bezogen arbeitet. Auch im Ausbau wird möglichst wenig interveniert, um somit den Lagencharakter noch besser zur Geltung zu bringen. Die Basisweine bereiten wie immer viel Trinkvergnügen, schon die Literware ist hier wirklich empfehlenswert.

Konrad Salwey: »Ich wünsche mir für meine Weine, egal welche Qualitätsstufe, die größtmögliche Alltagstauglichkeit. Ich versuche also Weine auf die Flasche zu bringen, die im Alkohol moderat bis niedrig sind. Lieber trinke ich eine zweite Flasche, als dass mich die erste schon ausknockt. In der Aromatik sollen die Weine ausschließlich vom Standort und der Sorte geprägt sein.«

Der Name Salwey klingt weit über die Grenzen Badens hinaus wie Donnerhall für große, langlebige Spätburgunder sowie elegante Weiß- und Grauburgunder. Auch im internationalen Kollegenkreis genießen diese Kaiserstühler Charaktergewächse das denkbar beste Renommee.

Grauburgunder Reserve Holzfass · Weingut Salwey · Konrad Salwey · Hauptstraße 2 ·
79235 Oberrotweil · Tel. (0 76 62) 3 84 · www.salwey.de · weingut@salwey.de ·
Verkauf: Konrad Salwey, Mo–Fr: 14.00–18.00 Uhr, Sa: 11.00–17.00 Uhr
und nach Vereinbarung

Der Grauburgunder ist ein ganz naher Verwandter der hier abgebildeten Königin der Rotweinreben: der Spätburgunder (auch Pinot Noir genannt)

Deutsche Spitze: Winzerfamilie Paul Fürst
Das Weingut Rudolf Fürst im Bürgstädter Centgrafenberg in Franken

Paul & Sebastian Fürst – Spätburgunder-Tradition

Paul Fürst: »Wir lesen, wenn die Trauben reif aber nicht überreif sind. Feine Mandelnote, frischer Duft und Appetitlichkeit sind Merkmale, welche wir in unseren Pinots finden wollen.«

Ganz im Westen des Frankenlandes im Maintal zwischen Spessart und Odenwald liegen die Weinorte Churfrankens und stellen dort mit Klima und Boden eine fränkische Besonderheit dar. Weinbau wird von der Familie Fürst nachweislich seit 1638 betrieben. Im Jahre 1979 errichteten Paul und Monika Fürst die neuen Gutsgebäude am Hohenlindenweg in den Weinbergen des Centgrafenbergs, seit 2007 wird der Betrieb gemeinsam von Paul und Sohn Sebastian Fürst geführt.

Der Centgrafenberg, wo die meisten Reben angebaut werden, ist eine reine Südlage mit Buntsandsteinverwitterungsboden und ein idealer Standort für Spätburgunder- und Rieslingreben. Spätburgunderreben werden in diesen hitzigen und eisenhaltigen Böden schon seit Jahrhunderten angebaut. Das milde Klima im Talkessel Miltenbergs schafft dafür ideale Bedingungen. Der Boden gewährleistet die gute Struktur der erzeugten Weine. In den letzten Jahren wurde immer mehr in die Qualität investiert. Naturgemäße Bewirtschaftung der Weinberge, reduzierte Erträge, aufwendige Laubarbeiten, gestaffelte und selektive Traubenlese und im Keller schonender Weinausbau mit langer Holzfasslagerung sind Garanten für die Substanz der Weine. Frühburgunder eine alte autochtone Rebsorte der Maingegend wird im Weingut Fürst wieder verstärkt angebaut und die gehaltvollen Weine daraus machten in den letzten Jahren Furore. Neben den bekannten Rotweinen werden typische trockene Frankenweine, hauptsächlich von Riesling, Weißer Burgunder und Silvaner erzeugt. Stolz ist man im Weingut Rudolf Fürst darauf, dass diese Weine als ideale Begleiter feiner Speisen eine sehr große Verbreitung in den besten Restaurants des Landes und darüber hinaus gefunden haben.

Spätburgunder »Tradition« · Weingut Rudolf Fürst · Paul & Sebastian Fürst · Hohenlindenweg 46 · 63927 Bürgstadt · Tel. (0 93 71) 86 42 · www.weingut-rudolf-fuerst.de · info@weingut-rudolf-fuerst.de · Verkauf: Monika Fürst, Mo–Fr: 9.00–12.00 Uhr & 14.00–18.00 Uhr, Sa: 10.00–15.00 Uhr und nach Vereinbarung

Cornelia, Reinhold & Alexander Schneider – Familien-Trio

»*Wo aber der Wein fehlt, stirbt der Reiz des Lebens.*« – *Euripides & Familie Schneider*

Bereits die Basisweißweine bieten sehr guten Wein für recht kleines Geld, was im Übrigen auch für die Spitzengewächse im badischen Vergleich allemal zutrifft. Die ungemein harmonischen Weine besitzen allesamt ein unverwechselbar dichtes Aromaprofil, welches zum einen ihre Herkunft aus den besten Endinger Lagen erkennen lässt, zum anderen aber auch die Güte der langen Reife bei natürlich kühlen Temperaturen aufzeigt. Ganz nach dem Motto: »Unser Keller ist unser Universum.«

»Wir sind eine große Familie und lustvolle Genießer. Am Sonntag wird im Teamwork zusammen gekocht, gegessen, getrunken und gelacht. Wir haben keine absoluten Lieblingsgerichte, sind für alles offen und probieren öfter etwas aus. Am schönsten sind aber die Spontanbesuche unserer Freunde, wo es dann nach dem einen oder anderen Glas ›Trio‹ immer lustig zugeht. In solchen ungezwungenen Runden hat man auch immer die größten Geschmackserlebnisse. Es kann vorkommen, dass man mit einem Glas den wunderbaren Sonnenuntergang hinter den Vogesen genießt. Dieses Stimmungsbild ist im Sommer immer anders, aber immer faszinierend!«

Bereits bei der Gründung des Gutes im Jahre 1981 verschrieben sich Reinhold und Cornelia Schneider der naturnahen Bewirtschaftung ihrer Weinberge und der konsequenten Erzeugung durchgegorener Weine ohne Restsüße. Bei den Weißweinen gibt es keine Lagennamen: »Trio« steht beispielsweise für eine Cuvée von Weißburgunder-Weinen aus drei verschiedenen Lagen. Nur die besten Weine eines jeden Jahrgangs erhalten die interne Klassifizierung mit drei Sternen. Die Qualitätsphilosophie ist heute so aktuell wie damals, welche Sohn Alexander nun gemeinsam mit den Eltern weiterverfolgt. Die Schneiders haben im Gegensatz zu anderen Gütern am Kaiserstuhl der Versuchung widerstanden, ihre Rebfläche nach und nach zu vergrößern.

Weißburgunder »Trio« · Weingut Reinhold und Cornelia Schneider · Reinhold & Cornelia Schneider · Königschaffhauser Straße 2 · 79346 Endingen · Tel. (0 76 42) 52 78 · www.weingutschneider.com · info@weingutschneider.com · Verkauf: Cornelia Schneider, Fr: 15.00–18.00 Uhr, Sa: 9.00–14.00 Uhr und nach Vereinbarung

Natürliche Weinberge sind gottlob keine denaturierten Hochleistungsplantagen
Die größte Gehäuseschnecke in Mitteleuropa ist ein Zeichen besonders intakter Umwelt!

Barbara & Julian Huber: Weltklasse Spätburgunder!

Julian Huber –
Spätburgunder, reloaded

Dieser Spätburgunder vom Malterdinger Ausnahmeweingut ist eine Klasse für sich!

Dem unvergessenen Bernhard Huber ist in nur einem Vierteljahrhundert gelungen, wofür berühmteste Domänen im Burgund mehrere Generationen benötigten. Alles andere als ein leichtes Erbe also, welches Julian Huber in diesem deutschen Ausnahme- und Vorzeigeweingut mit der umsichtigen Unterstützung seiner Mutter Barbara übernommen hat. Ruhig, aber durchaus bestimmt und selbstbewusst weiß der junge Winzer in die wirklich großen Fußstapfen des Vaters zu treten, so gilt auch seine ganz besondere Aufmerksamkeit dem äußerst anspruchsvollen Spätburgunder. Vor über 700 Jahren brachten Zisterziensermönche diese auf französisch »Pinot noir« genannte Rebsorte mit nach Malterdingen. Der Gutshof der Mönche »curia« befand sich im Gewann Mönchhofmatten, wo heute das Weingut Huber liegt. Die Mönche trafen in Malterdingen auf das gleiche Terroir wie im Burgund und sie brachten die hohe Schule des Weinanbaus und -ausbaus mit. In Weinlexika findet sich für den Spätburgunder als Synonym die Bezeichnung Pinot Noir und Malterdinger.

»Der Philosophie unseres Weingutes entspricht es, alle Weine durchgären zu lassen und ihnen eine lange Lagerzeit auf der Hefe zu gönnen. Somit entstehen fast ausschließlich trockene Weine. Das Optimum erreicht man aber nur dadurch, dass die Weine im Keller so wenig wie möglich bewegt werden und so Duft und Aroma erhalten bleiben. Dabei warten wir die natürliche Selbstklärung der Weine ab. Dieses erfordert Geduld, die sich jedoch lohnt. Bis heute und in Zukunft: Winzer mit Herzblut, mit dem Ziel einfach gute Weine zu produzieren, und dem Traum, wieder einen Wein zu machen, der nicht bloß konkurriert, sondern eindeutig als ein Malterdinger erkennbar ist, so wie es im 13. Jahrhundert war.«

▶ **Der denkbar subtilste Begleiter für ein Candle-Light-Dinner!**

Spätburgunder »Barrique« · Weingut Bernhard Huber · Barbara Huber · Heimbacher Weg 19 · 79364 Malterdingen · Tel. (0 76 44) 9 29 72 20 · www.weingut-huber.com · info@weingut-huber.com · Verkauf: Barbara Huber, Mo–Fr: 14.00–18.00 Uhr, Sa: 10.00–12.00 Uhr

Hermann Dönnhoff – Riesling vom Tonschiefer

Es gibt nur wenige deutsche Betriebe, die international eine vergleichbare Bedeutung haben. Das liegt neben den Weinen auch an Helmut Dönnhoff, der über Jahrzehnte diesen Musterbetrieb geprägt hat. Der stille und sympathische Winzer hat ein »Standing« in der deutschen Weinszene, welches seinesgleichen sucht.

Hermann Dönnhoff ist mit zahlreichen, wahrhaft großen Lagen der Nahe begütert. Die Rieslinge, die daraus stammen, zeigen stets dieses Plus an mineralischer Struktur und aromatischer Tiefe, diese beeindruckende Festigkeit, die ebenso einzigartig wie begeisternd ist. Die Suche nach Balance ist bei den besten Weinen stets spürbar, was sicher auch am Alter der Reben liegt, die mit 50 bis 60 Jahren eine besondere Tiefe erbringen. Vergärung und Lagerung geschehen in klassischen Holzfässern aus deutscher Eiche und im Edelstahl. Das Weingut der Familie, das er 1971 übernahm, hatte damals gerade mal eine Größe von viereinhalb Hektar, und dazu gehörte noch eine kleine Landwirtschaft. Schon in jungen Jahren, motiviert von der Begeisterung für große Weine, begann er, die Grundlage für ein Spitzenweingut zu schaffen. »Für außergewöhnliche Weine braucht man außergewöhnliche Weinberge«, sagt er, »und ich bin glücklich, dass ich in meiner Zeit die Chance hatte, eine ganze Reihe erstklassiger Weinberge zu erwerben und teilweise wieder neu zu kultivieren.«

Das Weingut ist in den nationalen und internationalen Weinführern immer auf den vordersten Plätzen zu finden. Tradition ist im Weinbau von großer Bedeutung, aber genauso bedeutend für die Entwicklung eines Weingutes sind für Helmut Dönnhoff jugendliche Begeisterung und Ideen. »Deshalb bilden wir auch aus und haben immer wieder junge Praktikanten.« Seit 2007 hat Sohn Cornelius die Verantwortung in den Weinbergen und im Keller übernommen und beschreibt den Zusammenhang zwischen seiner Arbeit und der Natur so: »Sie hat die Partitur geschrieben und wir müssen sie ausführen.«

Riesling »Tonschiefer« · Weingut Hermann Dönnhoff · Helmut Dönnhoff · Bahnhofstraße 11 · 55585 Oberhausen · Tel. (0 67 55) 2 63 · www.doennhoff.com · weingut@doennhoff.com · Verkauf: Mo–Fr: 8.30–12.00 Uhr & 13.30–17.00 Uhr, Proben nach Vereinbarung

Purismus im Weinberg: karger Boden und Riesling-Rebstöcke

J. B. Becker – Eltviller Spätburgunder im Weingarten

»Wein braucht Zeit.« Und zwar im Anbau, im Ausbau und natürlich auch beim Genuss.

Hans-Josef Becker ist der Lordsiegelbewahrer des klassischen Rheingaustils. Es wurde konsequent auf ökologischen Anbau umgestellt, seine Rotweine reifen fast drei Jahre. Das ist einer der Gründe, warum die Weine so langlebig sind. Seine dichten und kräutrig-würzigen Spätburgunder versprühen burgundischen Flair: Sie sind wild mit Noten von roten Beeren, gepaart mit einem Hauch Räucherspeck. Blind probiert, steckt man diese Charakterköpfe niemals in den Rheingau. Das will Becker auch gar nicht: »Ich mache Weine mit eigenwilligem Charakter!«

Bereits bei der Gründung 1893 durch Jean-Baptist Becker wurde hier der Grundstein für die Qualität der heutigen Erzeugnisse gelegt. Jean-Baptist Becker erkannte das Lagenpotenzial und pflanzte 1905 als erster Spätburgunderreben im Wallufer Walkenberg an. Sein Anspruch, Weine zu machen, die die Eigenschaften der Lagen widerspiegeln, hat bis zum heutigen Tag Bestand und ist zur Betriebsphilosophie geworden. Durch Ertragsreduzierung, selektive Handlese, schonendes Abpressen und Ausbau in traditionellen Eichenholzfässern entstehen Weine von unverwechselbarem Ausdruck und Stil. Die Weintraubenerzeugung ist ökologisch zertifiziert und auf Herbizide wird seit jeher verzichtet.

»Die klassischen Rebsorten im Rheingau sind Riesling und Spätburgunder. Darauf richtet sich unser ganzes Augenmerk. Und das, was uns die Natur in die Trauben gegeben hat, behandeln wir im Keller so schonend wie möglich. Nachdem die Trauben vorsichtig abgepresst wurden, erfolgt eine natürliche Gärung ohne den Zusatz von Reinzuchthefen. Der Ausbau der Weine findet klassisch – wie früher – in großen Eichenholzfässern statt. Auf diese Weise entstehen ausgereifte und extraktreiche Weine, die nahezu unbegrenzt lagerungsfähig sind. In reiner Handarbeit. Das ist unsere Philosophie.«

Eltviller Steinberg Spätburgunder · Weingut J. B. Becker · Maria & Hans-Josef Becker ·
Rheinstraße 6 · 65396 Walluf · Tel. (0 61 23) 7 48 90 · www.jbbecker.de · info@jbbecker.de ·
Verkauf: Maria & Eva Becker, Mo–Fr: 9.00–12.00 Uhr & 14.00–17.00 Uhr, Sa–So: nach Vereinbarung

Hajo & Eva Becker: Spätburgunder mit eigenwilligem Charakter
Der Becker'sche Weingarten am Rhein: Hier dürfen Sie Ihren Picknick-Korb mitbringen!

Keine Kellerromantik, aber kompromisslose Qualität bei Jürgen von der Mark

Jürgen von der Mark – Grauburgunder vom Löss

Eine Klasse für sich: Feinster Grauburgunder vom Wein-Poeten Jürgen von der Mark!

Das Weingut von Jürgen von der Mark besteht bereits seit über zehn Jahren und hat seine Reben auf einem Hügelrücken mit Kalksteinunterlagen im Tuniberg ganz in der Nähe von Freiburg. Vor allem sind es die ungemein charaktervollen und vielschichtigen Pinot Noirs, die Jahr für Jahr wieder den vielen Weinfreunden nicht nur den allergrößten Respekt abnötigen, sondern ganz einfach und schlichtweg begeistern! Der besonders gut gelungene, vom Löss geprägte, Grauburgunder »S« Selektion aus dem Holzfass ist eine echte Bereicherung des sehr stimmigen vom edlen Spätburgunder geprägten Sortiments.

Jürgen von der Mark: »Mein Grauburgunder ›S‹ ist mein Meditationswein. Mit seiner zurückgenommenen, mineralischen Art zwingt er mich zu besinnen. Ich kann mich immer wieder aufs Neue in diesem Wein verlieren.«

Der hochtalentierte Winzer, der ganz nebenbei auch etlichen renommierten Weingütern aus seinem Umfeld mit Rat und Tat zur Seite steht, hat eine ganz spezielle und eigenständige Sicht auf das Kulturgut Wein entwickelt. Je nach Jahrgang entscheidet er sich für das männliche oder weibliche Geschlecht, welches er einem Wein zuordnet. So erfährt jeder Wein dann konsequenterweise auch eine ganz individuelle Art und Weise der Behandlung während des natürlich immer schonenden Ausbaus. Für seine Spitzen-Spätburgunder wählt er insofern folgerichtig auch von Jahrgang zu Jahrgang ganz spezielle Musiktitel, welche dann auf dem Etikett verewigt werden, inspirierter Wein also, oder eben Wein mit Poesie!

▶ **Dieser Grauburgunder verspricht viel Musik im Glas und einen Tanz auf der Zunge.**

Grauburgunder »S« vom Löss Holzfass · Weingut von der Mark · Jürgen von der Mark · Altrheinstr. 4 · 79415 Bad Bellingen-Rheinweiler · Tel. (0 76 35) 8 26 64 82 · www.weingutvondermark.de · kontakt@weingutvondermark.de · Verkauf: Jürgen von der Mark, nach Vereinbarung

Rainer Schnaitmann – Rotweinsinfonie »Simonroth«

Schwäbische Schläue, so hat Rainer Schnaitmann aus einer einstmaligen Not eine geschmackvolle Tugend gemacht.

Natürlich liegt es nahe, Rainer Schnaitmann als ein Württemberger Rotweingenie zu bezeichnen. Mit seinem erst 1997 gegründeten Weingut schoss Rainer Schnaitmann wie eine Rakete in den Württemberger Weinhimmel und revolutionierte in dieser Zeit das schwäbische Verständnis für rote Burgundersorten, die er schon seit Jahren wie kein anderer zu pflegen versteht. Mit wirklich immensem Einsatz hat er in den vergangenen Jahren sein Spitzenweingut auf ökologische Bewirtschaftung umgestellt – machte daraus jedoch kein großes Aufheben. Die Nachhaltigkeit in der Flasche ist sein Ziel, nicht die Nachhaltigkeit im Marketing.

Rainer Schnaitmann: »Simonroth ist meine Marke für meine besten Rotweine und deshalb eingeführt, weil die Superlage Fellbacher Lämmler zu Beginn meiner Weingutsarbeit vor rund zwanzig Jahren das Synonym des süßlichen Trollingers war, also mein Feindbild Nummer 1! Merlot und Cabernet Franc bauen wir deshalb hier an, weil es sehr gut funktioniert, und wenn wir darüber hinaus damit beweisen können, dass wir den internationalen gefragten Rotweinstil beherrschen, dann nimmt man uns mit den traditionellen Rebsorten, die manchmal etwas schwerer zu verstehen sind, vielleicht auch ernst!«

So ist auch diese für die 99-Besten-Selektion ausgesuchte Rotwein-Cuvée ein äußerst gelungenes Beispiel für die hier angelegte schwäbisch-schlaue Strategie: kein plumper Kraftprotz, sondern vielmehr eine feinfühlig komponierte Geschmackssinfonie in Rot, um sich sogar auf dem anspruchsvollen internationalen Parkett mit Bravour zu bewegen. Dies ist allerdings kein Versuch mehr, sondern eine längst etablierte Erfolgsgeschichte!

Rotwein-Cuvée »Simonroth« · Weingut Rainer Schnaitmann · Rainer Schnaitmann · Untertürkheimer Straße 4 · 70734 Fellbach · Tel. (07 11) 57 46 16 · www.weingut-schnaitmann.de · info@weingut-schnaitmann.de · Verkauf: Rainer Schnaitmann, Mo, Mi–Do: 9.00–12.30 Uhr & 13.30–17.00 Uhr, Di, Fr: 9.00–12.30 Uhr & 13.30–18.30 Uhr, Sa: 9.00–13.00 Uhr

Fellbacher Weinlagen vor den Toren Stuttgarts
Weinbergspflege und -ernte ist harte Arbeit – trotz gelegentlicher maschineller Hilfe!

Schönlebers Rieslinge: transformierte Gesteinsmineralien im Wein

Emrich-Schönleber – Riesling »Mineral«

»Unsere Grundsätze: Schönleber-Wein und Trinkspaß gehören zusammen. Unser Wein ist ehrlich und authentisch. Er zeigt seine Herkunft, ungeschminkt!«

Die Weinwelt singt seit Jahrzehnten ein Loblied auf Werner Schönleber und vergisst manchmal dabei, dass Sohn Frank bereits seit über zehn Jahren für den Keller verantwortlich ist. Hier ist der Übergang so fließend vonstatten gegangen, dass ihn kaum jemand außerhalb der Familie wahrgenommen hat.

»Wir wissen die Monzinger Weinberge sehr zu schätzen, und so haben wir in den letzten vierzig Jahren hier in unserem Heimatort viel persönliches Engagement in die Erhaltung und vor allem Rekultivierung steiler, einst hoch geschätzter Parzellen gesteckt, denen wir heute viel verdanken. Der Mensch ist ein wichtiger Teil des Terroirs. Boden und Rebe wollen gepflegt sein. Wir achten sehr darauf, dass beide nicht nur gesund sind, sondern auch in guter Balance zueinander stehen, dass also vor allem der Ertrag der Rebe mit dem Wasser- und Nährstoffangebot des Bodens harmoniert. Bei den zahlreichen Handarbeiten gehen wir auf jede Rebe individuell ein. Wir steuern so den Ertrag und sorgen dafür, dass die Laubwand stets gut durchlüftet wird. Die Trauben bleiben so länger gesund und erlauben eine späte Lese bei idealer Reife. Dem Boden wird nur wenig Nährstoff entzogen, denn außer dem Saft der Trauben wird die organische Masse zu 100 Prozent zurückgeführt. Wenn es nötig wird, düngen wir mit gutem Kompost, den wir selbst herstellen. Im Keller setzt sich diese Denkweise fort – die Philosophie des Kellermeisters Frank Schönleber gibt den großen Rahmen vor, in dem sich die Weine frei entwickeln dürfen. Die Entstehungsgeschichte der Weine variiert von Fass zu Fass, von Tank zu Tank. So unterschiedlich wie die Geschichte der Weine, von der Rebblüte bis zur Abfüllung, so unterschiedlich sind auch deren Charaktere.«

Riesling »Mineral« trocken · Weingut Emrich-Schönleber · Werner & Frank Schönleber · Soonwaldstraße 10 a · 55569 Monzingen · Tel. (0 67 51) 27 33 · www.emrich-schoenleber.de · weingut@emrich-schoenleber.de · Verkauf: Hannelore Schönleber, nach Vereinbarung

Reichsrat von Buhl – Sekt & Champagner-Kompetenz

Ein Paukenschlag war Ende 2014 der hier vorgestellte Riesling-Sekt, der »Erstgegorene«, denn aus dieser Rebsorte hatte man solch einen Geschmackstyp bisher noch nicht erlebt.

Es ist wirklich sehr schade, dass der viel zu früh verstorbene Unternehmer Achim Niederberger nicht mehr miterleben kann, was aus seiner weitsichtigen Weichenstellung geworden ist. Inzwischen haben Mathieu Kauffmann und Richard Grosche den Betrieb konzeptionell und geschmacklich auf derart andere Füße gestellt, als hätten sie nie etwas anderes getan, als wäre es das Natürlichste der Welt.

Reichsrat von Buhl verfügt über ein einzigartiges Portfolio an herausragenden Lagen und das hat zwangsläufig einen großen Einfluss auf die Weinstilistik. Denn Dank dieser Toplagen und niedriger Erträge ist man in der Lage, knochentrockene Rieslinge zu produzieren, die dank reichlich Trockenextrakt keinerlei Restsüße brauchen. Und ohne Restzucker, die meisten Weine haben weniger als ein Gramm, so kommen die Unterschiede zwischen den Weinbergen deutlicher zum Vorschein, brauchen allerdings länger, um ihr ganzes Potenzial zu zeigen. Von Buhl produziert also Weine für Geduldige und für Menschen, die das »süße Schwänzel« nicht brauchen, also keine Angst vor Säure haben. Beim Sekt setzt man auf die klassische Flaschengärung. Alle Trauben werden gezielt für den Sekt-Grundwein gelesen. Die schonende Pressung erfolgt mit einem speziellen Crémant-Programm mit maximal einem Bar Druck. Selbstredend wird nur die erste Pressung für die Versektung verwendet. Monsieur Mathieu, der ehemalige Kellermeister des Champagner-Hauses Bollinger ist für seine akribische Herangehensweise bei der Schaumwein-Herstellung berühmt. So kultiviert er beispielsweise den Hefestamm für die zweite Gärung über eine Woche. Erst wenn die Anzahl der Hefestämme optimal und die Temperatur der Hefe, des Sektgrundweines und der Flasche identisch ist, wird gefüllt.

Riesling Sekt Brut · Weingut Reichsrat von Buhl · Jana Niederberger · Weinstraße 18–24 · 67146 Deidesheim · Tel. (0 63 26) 96 50 19 · www.reichsrat-von-buhl.de · info@von-buhl.de · Verkauf: Klaus Küsters, Mo–Fr: 8.00–12.00 Uhr & 13.00–18.00 Uhr, Sa–So, feiertags: 10.00–12.00 Uhr & 13.00–17.00 Uhr, Jan. So geschlossen

Gute Weinberge leben von der pflanzlichen Vielfalt und sind keine Monokulturen!
Eine der allerbesten Adressen für große Rieslinge und feinsten Sekt

Nicole Roth weiß genau, was aus diesen perfekten Spätburgundertrauben entstehen wird

Gerhard & Nicole Roth –
Pinot Noir vom Wachhügel

»Unser Motto: Weil der Wein eine Seele hat.« Pur kann man die Natur am besten genießen.

Bereits 1974 entschied sich Gerhard Roth für den ökologischen Weinanbau, inzwischen erfolgt in Teilbereichen die Umstellung auf die Biodynamie, auch der gesamte Betrieb wurde auf natürliche Materialien umgestellt und 2010 ein schmuckes, kleines Hotel mit 16 Zimmern eröffnet.

Das inzwischen 22,5 Hektar große VDP-Weingut im fränkischen Steigerwald überzeugt Jahr für Jahr ganz besonders mit in sich ruhenden Rotweinen, wovon der hier für die 99-Besten-Selektion ausgesuchte Pinot Noir mit einem besonders feinwürzigen Aromenprofil beständig an der Spitze steht!

Nicole Roth: »Allem voran steht immer unser Streben nach der höchsten Qualität und authentischen Weinen. Hierfür wird der Ertrag der Reben konsequent beschränkt. Wir wollen das Terroir im Glas. Unsere Reben wurzeln tief – müssen tief wurzeln, weil sie ›von oben‹ nichts von uns bekommen – keine Bewässerung, keine Mineral- bzw. Kunstdünger. Tiefe Wurzeln haben natürlich größeres Potential die Mineralik aus dem Boden aufzunehmen. Das Ergebnis sind eigenständige, authentische Weine, die überzeugen. Als Öko-weingut mit über 40 Jahren Erfahrung, verzichten wir im Weinberg natürlich auch auf jegliche Pestizide. Wein ist Genuss, Wein ist Augenschließen und sich des Lebens freuen. Ob als Genuss zu besonderen Anlässen oder als kleine Alltagsfreude am Abend, Wein will und soll begeis-

▶ **Dieser Pinot Noir ist ein ausgesprochener Feiertagswein!**

tern. Natürlich darf Wein auch fordern, natürlich soll Wein auch die Gedanken beschäftigen, aber in erster Linie muss Wein schmecken … nur belanglos, das darf der Wein nicht sein!«

Wiesenbronner Wachhügel Pinot Noir · Weingut Roth · Gerhard & Nicole Roth · Büttnergasse 11 · 97355 Wiesenbronn · Tel. (0 93 25) 90 20 04 · www.weingut-roth.de · info@weingut-roth.de · Verkauf: Nicole Roth, Mo–Fr: 9.00–12.00 Uhr & 13.00–17.00 Uhr, Sa: 9.00–12.00 Uhr & 13.00–16.00 Uhr

Schmitt's Kinder – Spätburgunder »Sonnenstuhl«

Ein feiner, komplexer Spätburgunder vom Maindreieck, dicht, filigran und verspielt. Burgundisch, aber dennoch eigenständig und jedes Jahr als echter Franke wiedererkennbar.

Der etwas ungewöhnliche Name dieses vierzehn Hektar großen Familienbetriebs ist auf das Jahr 1910 und eine Entscheidung der damaligen Erben zurückzuführen. Sie teilten nicht, sondern bewirtschafteten das Gut gemeinsam als »Schmitt's Kinder«. Der familiäre Zusammenhalt wird hier seit nunmehr zehn Generationen gepflegt und ist natürlich auch eine große Verpflichtung. Karl Martin Schmitt, der Senior, kann auf Junior Martin Johannes als tüchtigen Mitstreiter ebenso zählen wie auf die Hilfe von drei weiteren Kindern.

Die »Tradition« im Namen des hier für die 99-Besten-Selektion ausgewählten, ohne jeglichen Restzucker ganz »fränkisch trocken« ausgebauten, Spätburgunders aus der Spitzenlage Randersackerer Sonnenstuhl bezieht sich also nicht nur auf ein traditionelles Weinmachen, sondern hat auch eine ganz ursprüngliche, handwerkliche sowie familiäre Tradition. Genauso wird dieser Wein auch angebaut und erzeugt, nämlich durch eine umweltschonende, ökologische Weinbergsbewirtschaftung mit viel Freude an der Natur und an den besten Trauben. Diese werden dann zum idealen Zeitpunkt sehr selektiv per Hand gelesen: reif aber nicht überreif, mit reifen Tanninen, die samtig aber doch auch strukturgebend sind, dicht an vielschichtigen Aromen sowie einer harmonisch balancierten Weinsäure, die animierend wirkt und dem Wein viel Feinheit und Eleganz gibt.

Martin Johannes Schmitt: »Ein Wein muss Charakter haben. Große Weine sind oft eigensinnig, vielschichtig, brauchen Zeit und Luft im Glas – die Freundschaft will entdeckt werden. Ist diese gefunden, gibt es nichts Schöneres!«

Randersackerer Sonnenstuhl Spätburgunder »Tradition« · Weingut Schmitt's Kinder · Martin Joh. Schmitt · Am Sonnenstuhl 45 · 97236 Randersacker · Tel. (09 31) 7 05 91 97 · www.schmitts-kinder.de · weingut@schmitts-kinder.de · Verkauf: Renate & Karl Schmitt, Mo–Fr: 8.00–18.00 Uhr, Sa: 9.00–17.00 Uhr und nach Vereinbarung

Der Sonnenstuhl über dem fränkischen Weinort Randersacker am Main
Die Familie hat Grund, fröhlich zu sein. Die Qualität ihres Weins findet große Anerkennung

94 Peter & Florian Lauer – Marathon Man

Vor allem im feinherben Geschmacksbereich schafften Weine dieses Ayler Winzers wiederholt den Sprung in Jahrgangs-Top-Ten-Listen im Gault&Millau-Weinguide. Mit der Übernahme des Betriebs durch Florian Lauer gab es nochmals einen Qualitätssprung. »Unsere Weine werden nach uralten handwerklichen Herstellungsverfahren vinifiziert und ohne veränderte Hefen vergoren. Hierzu gehört der Verzicht auf die gängigen Schönungsmittel tierischer Herkunft wie Hausenblase, Gelatine oder Casein. Die Weine erreichen ihre innere Stabilität und Gleichgewicht mittels langsamer Gärung und einem extensiven Hefelager.«

Ayler Kupp Riesling Kabinett »8« · Weingut Peter Lauer · Florian Lauer · Trierer Straße 49 · 54441 Ayl · Tel. (0 65 81) 30 31 · www.lauer-ayl.de · info@lauer-ayl.de · Verkauf: Peter & Florian Lauer, nach Vereinbarung

In der großen Ayler Kupp haben Lauers die allerbesten Lagen für langlebige Rieslinge

Weingut Meyer-Näkel –
»Illusion« mit Blanc de Noirs

Werner Näkel: »Die Rebsorte Spätburgunder ist unglaublich vielfältig! Zum einen reagiert sie stark auf den Boden und das Mikroklima, in dem sie gedeiht, und bringt damit mannigfaltige, ganz herrliche Terroirs hervor. Zum anderen kann der Spätburgunder auch wunderbar erfrischend sein. In Ermangelung weißer Rebsorten an der Ahr begann ich deshalb Mitte der 1980er-Jahre mit meinem Projekt ›Illusion‹, weißer Wein aus roten Spätburgundertrauben. Anfangs auch von Kollegen allenthalben belächelt, ist Blanc de Noirs heute nicht mehr von den Weinkarten wegzudenken. Man kommt mit Spätburgunder also einfach durch das ganze Jahr!«

Spätburgunder »Illusion« Blanc de Noirs trocken · Weingut Meyer-Näkel · Werner Näkel · Friedenstraße 15 · 53507 Dernau · Tel. (0 26 43) 16 28 · www.meyer-naekel.de · weingut@meyer-naekel.de · Verkauf: nach Vereinbarung

Keine Illusion: beste Spät- und Frühburgunder-Lagen bei Dernau an der Ahr

Wöhrwags Merlot –
Bordeaux stand Pate

*Bordeaux und Napa Valley standen Pate – in Genussfragen kennt
die Schwabenseele keine Grenzen!*

»Ein tiefer Schluck aus der schwäbischen Seele« lautet das Credo der
sympathischen Winzerfamilie Wöhrwag; und wahrlich, mehr schwäbisch als
hier in der von Reben umrangten schwäbischen Landeshauptstadt Stuttgart
geht fast nicht! Völlig unschwäbisch ist dabei allerdings die liebevolle Hin-
wendung zur so gar nicht schwäbischen Rebsorte Merlot, welche im Bordeaux, vor allem am »rechten Ufer« in den Gemeinden Pomerol und
Saint-Émilion mit Kultweinen wie Pétrus, Le Pin und La Mondotte die Herzen
der internationalen Weinkennergemeinschaft höher schlagen lässt.

Und etwas brenzlig für die Reputation als schwäbischer Vorzeigebetrieb
wird es dann sogar, wenn man erfährt, dass der Wöhrwag'sche Augapfel
Merlot im Herzogenberg auch noch einen deutlich höheren Rebflächenanteil

Die Familie Wöhrwag mit Riesling im Glas. Auch dieser ist von allerfeinster Qualität

als des Schwabens Lieblingsrebsorte Trollinger hat! – Schon in der sechsten Generation wird das Weingut Wöhrwag in Untertürkheim von der Familie bewirtschaftet. Hans-Peter Wöhrwag absolvierte seine Winzerlehre in der Pfalz und am Kaiserstuhl. In Geisenheim studierte er Önologie und auch aus dem Napa Valley brachte er auf das elterliche Weingut jede Menge Erfahrungen mit. Ehefrau Christin, eine ebenfalls diplomierte Winzerin, war sicher der beste Neuzugang im Hause Wöhrwag. Mit den Kindern Philipp, Johanna und Moritz wächst bereits die siebte Generation und eine neue Leidenschaft für guten Wein heran. Insofern steht hier eine ganze Familie als Garant für naturnahen Anbau, viel Geduld für bestens ausgereiftes Lesegut und höchstwertige handwerkliche Verarbeitung. Dieses sind allesamt grundlegende (schwäbische) Tugenden, mit welchen der Wöhrwag'sche Alleinbesitz, eine sogenannte Monopollage, der Untertürkheimer Herzogenberg bewirtschaftet wird. Die rund 20 Hektar große Rebfläche profitiert vom Gipskeuperboden, der den Weinen eine kraftvolle Frucht und gute Struktur gibt.

Untertürkheimer Herzogenberg Merlot · Weingut Wöhrwag · Hans-Peter Wöhrwag · Grunbacher Straße 5 · 70327 Untertürkheim · Tel. (07 11) 33 16 62 · www.woehrwag.de · info@woehrwag.de · Verkauf: Christin Wöhrwag, Stefanie Eisele, Mo–Fr: 8.00–12.30 Uhr & 14.00–18.30 Uhr, Sa: 9.00–14.00 Uhr

Salwey-Weißburgunder »RS« – richtig saugut!

»Unsere Klassifizierung ›RS‹ kann sowohl für ›Reserve Salwey‹ sowie einfach nur für ›richtig saugute‹ Weine stehen!«

Mit Sicherheit ist dieser Kaiserstühler Weißburgunder mit seiner hintergründig feinen Aromatik bei gleichzeitig großer Saftigkeit so etwas wie ein Symbol oder auch ganz einfach ein hervorragender Botschafter der südbadischen Genusskultur und Lebensart. Auf jeden Fall ist diese Salwey'sche Version der edlen Rebsorte ganz ideal geeignet, ein ausgedehntes sonntägliches Mittagessen mit Familie und Freunden zu begleiten.

Harmonie im Wein ist die allerbeste Voraussetzung für glückende Kombinationen mit Kreationen der badischen Küche, daher steht diese Qualität des Weins bei Salwey hoch im Kurs. Dies ist auch der Grund, warum man hier den besten Gewächsen deutlich mehr Ruhe und Zeit zum Reifen lässt, als dies sonst vielerorts üblich ist! Dieses mehr an Fass- und Flaschenreife ist nicht nur entscheidend für die geschmackliche Entwicklung, es trägt auch zur besseren Haltbarkeit bei. Seit vielen Jahren überzeugen die Salwey'schen Preziosen immer wieder als regelrechte Langstreckenläufer! Und das Überraschende dabei ist, dass diese Weine nicht einmal einen hohen Alkoholgehalt haben müssen. Viele Weinfreunde werden das mit Staunen zur Kenntnis nehmen.

Konrad Salwey: »Ich versuche also Weine auf die Flasche zu bringen, die im Alkohol moderat bis niedrig sind. Lieber trinke ich eine zweite Flasche, als dass mich die erste schon ausknockt. In der Aromatik sollen die Weine ausschließlich von Standort und der Sorte geprägt sein.«

Der Name Salwey klingt weit über die Grenzen Badens hinaus wie Donnerhall. Er steht für große, langlebige Spätburgunder sowie elegante Weiß- und Grauburgunder. Auch im internationalen Kollegenkreis genießen diese Kaiserstühler Charaktergewächse das denkbar beste Renommee.

Weißburgunder Holzfass · Weingut Salwey · Konrad Salwey · Hauptstraße 2 · 79235 Oberrotweil · Tel. (0 76 62) 3 84 · www.salwey.de · weingut@salwey.de · Verkauf: Konrad Salwey, Mo–Fr: 14.00–18.00 Uhr, Sa: 11.00–17.00 Uhr und nach Vereinbarung

Konrad Salwey steht für eine besonders harmonisch sanfte Stilistik bei seinen
ausgezeichneten Weinen aus Burgunder-Reben

Hier reifen die Gewächse von Konrad Salwey in aller Ruhe, bis sich Sanftheit und Harmonie
wie von selbst ergeben!

Zeitlose Weine: das Raritäten-Kabinett von Markus Molitor

Markus Molitor – Riesling für den Domprobst

Feinster Riesling, einst für den Domprobst, heute dank Markus Molitor für die Welt.

Mit imposanten sechzig Hektar allerbester Rebflächen, davon die meisten am Steilhang, verteilt von Traben-Trarbach bis Saarburg, hat Markus Molitor an der Mosel einen Betrieb geschaffen, der absolut einzigartig dasteht. Selbst große Herausforderungen wie äußerst problematische Erntebedingungen können Molitor wenig anhaben.

In der nach Südwesten ausgerichteten Spitzenlage von Graach besitzt dieser ernsthafte Ausnahmewinzer steile Parzellen mit einem steinreichen, feinen, nicht zu trockenen Schieferboden. Der teilweise sehr kräftige Boden ergibt rassige, kernige Rieslinge, die sich hervorragend für die trockene und feinherbe Ausbauweise eignen. Der hier für die 99-Besten-Selektion ausgesuchte »Kabinett« ist ein ganz klassischer »Domprobst« mit einer sehr feinen vom Schiefer geprägten Frucht sowie mit kühler, dennoch reifer, fast exotischer Aromatik. Enorm saftig und delikat am Gaumen zeigt dieser Wein den typischen »Mosel-Kabinett«-Stil, feine Rasse und eine nachhaltig pikant-spröde mineralische Ader.

Mit seiner 35-köpfigen Stammmannschaft betreibt Molitor in den Weinbergen unerhörten Aufwand. Späte Lese ist obligatorisch. Es wird hier noch strenger als sonst wo selektiert, was die Erträge besonders in schwierigen Jahrgängen enorm reduziert. In diesem Haus sind mineralisch-tiefe Weine mit großem Alterungspotenzial das Ziel. Die trockenen Kabinette weisen teilweise nur 10,5 Prozent auf, selbst die trockenen Auslesen sind moderat im Alkohol. Das perfekt renovierte Gutsgebäude wurde mit dem Architekturpreis Wein ausgezeichnet.

Riesling Graacher Domprobst Kabinett trocken · Weingut Markus Molitor · Markus Molitor · Haus Klosterberg · 54470 Bernkastel-Wehlen · Tel. (0 65 32) 95 40 00 · www.markusmolitor.com · info@markusmolitor.com · Verkauf: Mo–Fr: 10.00–17.00 Uhr, Sa–So, feiertags: nach Vereinbarung

Das »Haus Klosterberg« des Weinguts – architektonisch gelungene Renovierung

99

Weingut Aldinger –
Spätburgunder-Finesse

Experimentierfreude gepaart mit viel Erfahrung und Fingerspitzengefühl ist die Genussformel der fabelhaften Winzerfamilie Aldinger.

Ehre, wem Ehre gebührt: Gert Aldinger ist ein großer Visionär und Vorreiter im deutschen Qualitätswein-Verständnis, so hat er beispielsweise, angeregt durch die Hochzeitsreise mit Ehefrau Sonja an die Loire, den edlen Sauvignon Blanc als zukunftsweisende Weißweinrebsorte nicht nur für Deutschland »entdeckt«, sondern er keltert daraus eine bis heute völlig eigenständige, feingliedrige Interpretation, die sich zu Recht »Große Reserve« nennt, gekeltert. Auch mit seinen Rotweinen beindruckte er schon den Slow-Food-Gründer und Barolo-Liebhaber Carlo Petrini, vor allem mit seinen an Piemonteser Topgewächse erinnernden, ganz besonders stoffigen und feinwürzigen Lemberger. Mit dem Trollinger »Sine«, einem Wein der neuen Generation ist den Aldingers nichts weniger als eine Zeitenwende für diese Rebsorte geglückt; und wirkliche Genießer sollten ein besonderes Auge auf den betörenden, hier ausgewählten Spätburgunder Gips legen, der mit seiner völlig unaufgeregten Finesse so manches »Große Gewächs« in der Region in den Schatten stellt.

Die grandiosen Weinkollektionen aus dem Hause Aldinger sind ein eindrucksvoller Beweis, wie gut hier die Söhne Hansjörg und Matthias mit ihrem Vater Gert harmonieren. Im Gespräch mit der Familie wird allerdings auch sehr schnell klar: Es sind die Weine der jungen Generation, die wir heute genießen können. Der jugendliche Senior Gert Aldinger hält sich immer mehr im Hintergrund, lässt seinen Söhnen alle nötigen Freiheiten und greift nur dort ein wenig korrigierend ein, wo er es für unbedingt nötig und geboten hält. Bentz der Aldinger legte 1492 den Grundstock für das heutige älteste Weingut Fellbachs. Er kam aus der kleinen Stadt Aldingen nach Fellbach, um hier Reben zu kultivieren. 1992 – nach 500 Jahren Weinbautradition übernahm Gert Joachim Aldinger das Ruder.

Untertürkheimer Gips Spätburgunder · Weingut Aldinger · Gert Aldinger · Schmerstraße 25 · 70734 Fellbach · Tel. (07 11) 58 14 17 · www.weingut-aldinger.de · info@weingut-aldinger.de · Verkauf: Sonja Aldinger, Marco Talarico, Mo–Fr: 9.00–12.00 Uhr & 14.00–18.00 Uhr, Sa: 9.00–13.00 Uhr und nach Vereinbarung

Neben Spätburgunder wird hier auch Riesling gelesen! – Das fabelhafte Aldinger-Trio nimmt im Weinkeller wirklich nichts auf die leichte Schulter, Spaß gehört hier allerdings dennoch dazu.

Register

Personen/Weingüter

Rebsorten/Weine

Produktmanagement: Sonya Mayer
Redaktion, Layout und Satz: textbildsinn, Lothar Reiserer
Korrektorat: Regina Wiesmaier
Umschlaggestaltung: Frank Duffek
Repro: Repro Ludwig, Zell am See
Herstellung: Barbara Uhlig
Printed in Italy by Printer Trento

Sind Sie mit diesem Titel zufrieden? Dann würden wir uns über Ihre Weiterempfehlung freuen.
Erzählen Sie es im Freundeskreis, berichten Sie Ihrem Buchhändler, oder bewerten Sie bei Onlinekauf.
Und wenn Sie Kritik, Korrekturen, Aktualisierungen haben, freuen wir uns über Ihre Nachricht an Christian Verlag, Postfach 40 02 09, D-80702 München
oder per E-Mail an lektorat@verlagshaus.de

Unser komplettes Programm finden Sie unter  www.christian-verlag.de

Alle Angaben dieses Werkes wurden vom Autor sorgfältig recherchiert und auf den aktuellen Stand gebracht sowie vom Verlag geprüft. Für die Richtigkeit der Angaben kann jedoch keine Haftung übernommen werden.

Bildnachweis: Die Illustrationen des Umschlags stammen von Shutterstock (elenab) mit folgenden Ausnahmen – Sommelier: (Visual Generation Inc.); Autorenporträt: Helmuth Rier; Alle Bilder des Innenteils stammen von den jeweiligen Weingütern, mit Ausnahme von: S. 58 (Heinrich Völkel), S. 66 Derzno – Eigenes Werk, CC BY 3.0, https://commons.wikimedia.org/w/index.php?curid=24957998 S. 87 (Rainer Kwiotek), S. 88 oben (Andreas Durst), S. 91 unten (Alexander Droller), S. 97 unten Rauenstein – own photograph, CC BY-SA 3.0, https://commons.wikimedia.org/w/index.php?curid= 16331322, S. 112 oben (Robert Dieth/Weingut Keller), S. 112 unten (Cira Moro/Weingut Keller), S. 148 (Andreas Durst), S. 165 (Jürgen von der Mark)

Für die Texterstellung (Beschreibung der Weingüter) wurde der Gault&Millau-Weinguide 2016 herangezogen.

Die Deutsche Nationalbibliothek verzeichnet diese Publikation in der Deutschen Nationalbibliografie; detaillierte bibliografische Daten sind im Internet über http://dnb.d-nb.de abrufbar.

© 2017 Christian Verlag GmbH, München

ISBN 978-3-95961-016-2